本书为广西教育科学规划 2021 年度广西财经素养 题：乡村振兴背景下广西农民财经素养教育供需研究（2 获广西高校人文社会科学重点研究基地——广西工业高

乡村振兴背景下广西农民财经素养教育供需研究

Research on the Supply and Demand of
Farmers' Financial Literacy Education in Guangxi under
the Background of Rural Revitalization

余 霜 著

经济管理出版社
ECONOMY & MANAGEMENT PUBLISHING HOUSE

图书在版编目（CIP）数据

乡村振兴背景下广西农民财经素养教育供需研究/余霜著 . —北京：经济管理出版社，2023.3

ISBN 978-7-5096-8970-7

Ⅰ.①乡…　Ⅱ.①余…　Ⅲ.①财政经济—素质教育—研究—广西　Ⅳ.①G711

中国国家版本馆 CIP 数据核字（2023）第 050994 号

组稿编辑：范美琴
责任编辑：范美琴
责任印制：黄章平
责任校对：张晓燕

出版发行：经济管理出版社
　　　　　（北京市海淀区北蜂窝 8 号中雅大厦 A 座 11 层　100038）
网　　址：www.E-mp.com.cn
电　　话：（010）51915602
印　　刷：唐山玺诚印务有限公司
经　　销：新华书店
开　　本：720mm×1000mm/16
印　　张：10.25
字　　数：159 千字
版　　次：2023 年 4 月第 1 版　　2023 年 4 月第 1 次印刷
书　　号：ISBN 978-7-5096-8970-7
定　　价：88.00 元

前　言

　　乡村振兴战略是习近平同志在党的十九大报告中正式提出的，其根本目的是全面解决农业农村农民问题，实现乡村的全面振兴。然而乡村振兴的诸多方面都离不开金融的支持，农民财经知识的匮乏已严重影响了农村金融生态环境，制约了乡村振兴的步伐。《中国农村居民金融素养抽样调查报告》显示：我国农村居民金融素养水平整体偏低，金融知识匮乏，金融技能单一，培养并提高农民的财经能力成为解决农村金融问题的关键途径，目前农民的财经素养还不能满足其多样化的金融需求。为了更好地解决农村金融问题，必须加快开展农民财经素养教育，特别是对农民财经素养教育的供给侧和需求侧进行改革，从而提高农民的财经素养水平。广西壮族自治区是一个农业大省，但不是农业强省。同时，广西作为一个地处西南沿海的少数民族自治区，有着独特的民族特征和地处亚热带气候带的地域性特征。近年来，随着西部大开发战略的实施、中国—东盟自由贸易区的建立和北部湾经济区的开发，广西经济实现了跨越式的发展，农村经济也相应地得到了快速发展，广西农民的财经思想观念发生了很大的变化，总体是积极健康的，但也存在不少问题，这些问题对广西实施乡村振兴战略形成了不同程度的制约。同时随着广西财经素养教育工作的持续推进，广西各界人士的财经素养教育工作取得了长足的进步，但是对农民财经素养教育涉及的还相对较少，且缺乏系统具体的实地调查和实证研究，因此，开展广西农民财经素养教育研究具有重要的理论意义和实践意义。

本书在系统综述国内外相关研究成果的基础上，运用可持续发展理论、人力资本理论、外部性教育供需理论、需求层次理论以及农户行为理论等，梳理了农民财经素养教育的概念、基本内容及迫切性，基于广西631位农民的实地调研数据与资料，揭示了乡村振兴背景下广西农村人力资源状况、农村金融发展情况及农民财经素养现状，并对农民财经素养教育供给进行了深入剖析，总结出广西农民财经素养教育供给的特点；然后通过挖掘农民财经素养教育需求数据，提炼出广西农民财经素养教育需求的特点；进而探析了广西农民财经素养教育的参与意愿，并从内外部因素两个方面，考察了广西农民财经素养教育参与意愿的影响因素。根据上述理论研究和实证分析，本书的主要结论包括以下五个方面：

（1）农民财经素养教育是广西乡村振兴战略的重要组成部分。结合乡村振兴战略和广西的实情，本书认为应该从农民财经素养教育财经观念、财经知识、财经意识与财经能力等方面进行探讨。

（2）调查结果显示，广西农民已开始具备基本的财经意识（虽仍处于较低水平），这为广西农民财经素养教育提供了良好的发展空间，未来可以在自治区层面统筹推进农民财经素养教育。

（3）广西农民财经素养教育供给的特点包括五个方面：农民财经素养教育的知晓度偏低；农民财经素养教育的宣传形式多样；农民财经素养教育的区域供给不均衡；农民财经素养教育的信息供给渠道基本畅通；农民财经素养教育的区域供给总量不足。

（4）广西农民财经素养教育需求的特点包括五个方面：农民具有一定的学习意愿，同时也面临实际困难；大部分农民都听说过金融诈骗，但对其危害认识不到位；具备一定程度的财经知识，但对财经素养教育认识不全面；对财经素养教育的认知不足，政府是理想的供给主体；一次性培训更受欢迎，传统教育培训方式仍为主流。

（5）广西农户参与财经素养教育的意愿比较强烈，说明农户对参与财经素养教育有较高的积极性。实证分析结果表明：外出打工人数、家庭收入水平、农业收入占家庭总收入比重、信息获取等因素对广西农户参与财经素养教育意愿产生正向影响；劳动力人数、市场经营意识、理财接触等因素对农户参与财经素养教育意愿产生负向影响。

本书为广西教育科学规划 2021 年度广西财经素养教育研究专项课题重点课题"乡村振兴背景下广西农民财经素养教育供需研究"（项目编号：2021ZJY866）的研究成果，获广西高校人文社会科学重点研究基地——广西工业高质量研究中心专项资助，特此致谢！

由于本人水平有限，书中难免存在不妥甚至错误之处，欢迎读者批评指正，以利于今后改正和提高。本书在写作过程中，得到了有关老师、朋友和同事的帮助与支持，在此表示真诚和衷心的感谢。

余　霜

2022 年 9 月于广西柳州

目 录

第一章 绪论 ………………………………………………………… 1

第一节 研究背景及意义 ………………………………………… 1

一、乡村振兴战略对人才的需求 ……………………………… 1

二、广西农业高质量发展的人才支撑 ………………………… 2

三、广西农民财经素养教育的必要性和重要性 ……………… 4

第二节 相关概念界定与基本假设 ……………………………… 5

一、相关概念界定 ……………………………………………… 5

二、基本假设 …………………………………………………… 6

第三节 研究目标和研究内容 …………………………………… 7

一、研究目标 …………………………………………………… 7

二、研究内容 …………………………………………………… 7

第四节 数据来源和问卷设计 …………………………………… 7

一、数据来源 …………………………………………………… 7

二、问卷设计 …………………………………………………… 8

第五节 研究思路和研究方法 …………………………………… 9

一、研究思路 …………………………………………………… 9

二、研究方法 ………………………………………………… 10

第六节　研究的创新之处 ……………………………… 10

第二章　文献综述及理论基础 …………………………… 11

　第一节　文献综述 ……………………………………… 11

　　一、农民财经素养教育研究综述 ……………………… 11

　　二、农民教育供需研究综述 …………………………… 13

　　三、乡村振兴背景下农民教育研究综述 ……………… 15

　　四、广西农民教育研究综述 …………………………… 16

　第二节　理论基础 ……………………………………… 18

　　一、可持续发展理论 …………………………………… 18

　　二、人力资本理论 ……………………………………… 18

　　三、教育供需理论 ……………………………………… 19

　　四、农户行为理论 ……………………………………… 20

第三章　农民财经素养教育概述 ………………………… 22

　第一节　农民财经素养的概念 ………………………… 22

　第二节　农民财经素养教育的基本内容 ……………… 23

　　一、财经观念的培养 …………………………………… 24

　　二、财经知识的获取 …………………………………… 25

　　三、财经风险意识的增强 ……………………………… 26

　　四、财经理财能力的提升 ……………………………… 27

　第三节　乡村振兴背景下农民财经素养教育的迫切性 …… 27

　　一、乡村振兴战略的发展历程 ………………………… 28

　　二、农民财经素养教育在乡村振兴战略中的作用 …… 30

　第四节　本章小结 ……………………………………… 31

第四章　广西农民财经素养概述 ································ 33

　第一节　广西壮族自治区概况 ································ 33

　　一、自然地理现状 ······································ 33

　　二、社会经济现状 ······································ 34

　第二节　广西农村人力资源状况 ···························· 35

　　一、农民家庭的劳动力情况 ······························ 35

　　二、农民家庭的受教育程度 ······························ 36

　第三节　广西农村金融发展现状 ···························· 37

　　一、农村经济发展总体情况 ······························ 37

　　二、农村金融发展的体系结构 ···························· 39

　　三、农村金融发展的基础设施 ···························· 39

　　四、农村金融发展的规模 ································ 40

　第四节　广西农民财经素养现状 ···························· 41

　　一、财经观念方面 ······································ 41

　　二、财经知识方面 ······································ 42

　　三、财经意识方面 ······································ 42

　　四、财经能力方面 ······································ 44

　第五节　本章小结 ·· 45

第五章　广西农民财经素养教育供给分析 ···················· 47

　第一节　农民对财经素养教育的认知 ························ 47

　第二节　农民财经素养教育的宣传情况 ······················ 49

　　一、宣传的覆盖面 ······································ 49

　　二、宣传的方式 ·· 49

　　三、宣传的满意度 ······································ 51

　第三节　农民与财经素养教育的接触情况 ···················· 52

一、接触次数 ·················· 52

二、接触地点 ·················· 54

第四节　农民财经素养教育的信息途径 ·············· 56

一、信息获取的难易程度 ·············· 56

二、信息获取的渠道 ·············· 57

第五节　财经素养教育中农民的实际参与度 ·········· 59

第六节　广西农民财经素养教育供给的特点 ·········· 60

一、农民财经素养教育的知晓度偏低 ·········· 60

二、农民财经素养教育的宣传形式多样 ········· 61

三、农民财经素养教育的区域供给不均衡 ······· 61

四、农民财经素养教育的信息供给渠道基本畅通 ··· 62

五、农民财经素养教育的区域供给总量不足 ····· 63

第七节　本章小结 ·················· 63

第六章　广西农民财经素养教育需求分析 ············· 66

第一节　农民接受教育培训的基础条件 ············· 66

一、农民的学习意愿 ·············· 66

二、农民面临的困难 ·············· 67

第二节　农民财经素养教育的培训目的 ············· 69

一、农民对金融诈骗的认知 ·············· 69

二、农村金融诈骗的危害 ·············· 70

三、财经素养教育与金融诈骗 ·············· 71

四、金融理财知识的自我评价 ············· 73

五、财经素养教育的作用 ·············· 74

第三节　农民财经素养教育的具体需求 ············· 75

一、财经素养教育的培训类型 ············· 75

二、财经素养教育的培训内容 ············· 77

三、财经素养教育的供给主体 ·············· 79

四、财经素养教育的培训时间 ·············· 79

五、财经素养教育的培训地点 ·············· 81

六、财经素养教育的培训机构 ·············· 82

第四节　广西农民财经素养教育需求的特点 ········· 84

一、农民具有一定的学习意愿，同时也面临部分困难 ··· 84

二、大部分农民都听说过金融诈骗，对其危害认识不到位 · 85

三、具备一定程度的财经知识，对财经素养教育认识不全面 · 86

四、对财经素养教育的认知不足，政府是理想的供给主体 ·· 87

五、一次性培训更受欢迎，传统教育培训方式仍为主流 ··· 87

第五节　本章小结 ····················· 88

第七章　广西农民财经素养教育的意愿分析 ········· 91

第一节　财经素养教育的参加意愿 ·········· 91

一、农民财经素养教育的参加意愿 ·········· 91

二、农民未参加财经素养教育的原因 ········· 92

第二节　农民财经素养教育意愿的影响因素分析 ····· 94

一、内部因素 ······················ 94

二、外部因素 ······················ 113

第三节　实证分析 ···················· 122

一、模型选择与说明 ·················· 122

二、变量特征描述 ··················· 123

三、模型估计及结果分析 ··············· 125

第四节　本章小结 ···················· 133

第八章　主要结论及政策启示 ·············· 135

第一节　主要结论 ···················· 135

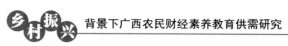

第二节　政策启示 …………………………………………………… 138

第三节　研究展望 …………………………………………………… 142

参考文献 ………………………………………………………………… 143

第一章　绪论

第一节　研究背景及意义

一、乡村振兴战略对人才的需求

乡村振兴战略是习近平同志在党的十九大报告中正式提出的，其根本目的是全面解决农业农村农民问题，实现乡村的全面振兴。乡村振兴离不开金融支持，然而农民财经知识的匮乏严重影响了农村金融生态环境、制约了乡村振兴的步伐，培养并提高农民财经能力成为解决农村金融问题的关键，可见乡村振兴的诸多方面都离不开金融的支持。目前农民的财经素养还不能满足其多样化的金融需求，解决农村金融问题，需要加快开展农民财经素养教育，特别是对农民财经素养教育的供给侧和需求侧进行改革，从而提高农民的财经素养水平。

2022 年中央一号文件首次将"强化乡村振兴金融服务"单列为一项重要内容，充分表明中央对金融业加大支持乡村振兴力度有更高期待，该文件明确要求：强化乡村振兴金融服务，对机构法人在县域、业务在县域、资金主要用于乡村振兴的地方法人金融机构，加大支农支小再贷款、再贴现支持力度，实施更加优惠的存款准备金政策。支持各类金融机构探索农业农村基础设施中长期信贷模式。加快农村信用社改革，完善省（自治区）农村信用社联合社治理机制，稳妥化解风险。完善乡村振兴金融服务统计制度，开展金融机构服务乡村振兴考核评估。深入开展农村信用体系建设，发展农户信用贷款。加强农村金融知识普及教育和金融消费权益保护。积极发展农业保险和再保险。优化完善"保险+期货"模式。强化涉农信贷风险市场化分担和补偿，发挥好农业信贷担保作用。同时，加强乡村振兴人才队伍建设。发现和培养使用农业领域战略科学家。启动"神农英才"计划，加快培养科技领军人才、青年科技人才和高水平创新团队。深入推行科技特派员制度。实施高素质农民培育计划、乡村产业振兴带头人培育"头雁"项目、乡村振兴青春建功行动、乡村振兴巾帼行动。落实艰苦边远地区基层事业单位公开招聘倾斜政策，对县以下基层专业技术人员开展职称评聘"定向评价、定向使用"工作，对中高级专业技术岗位实行总量控制、比例单列。完善耕读教育体系。优化学科专业结构，支持办好涉农高等学校和职业教育。培养乡村规划、设计、建设、管理专业人才和乡土人才。鼓励地方出台城市人才下乡服务乡村振兴的激励政策。

二、广西农业高质量发展的人才支撑

广西是农业大省，但不是农业强省。同时，广西作为一个地处西南沿海的少数民族自治区，有着独特的民族地域性特征。近年来，随着西部大开发战略的实施、中国—东盟自由贸易区的建立和北部湾经济区的开发，广西经济实现了跨越式发展，农村经济相应地也得到了快速发展。随着社会主义市场经济体制的建立和完善、开放程度的加大，以及农村经济的快速发展，广西农民的财经思想观念发生了很大的变化，总体是积极健康的，但也存在不少问题，这些问题对广西实施乡村振兴战略形成了不同程度的制约。

党的十九大报告提出，"确保国家粮食安全，把中国人的饭碗牢牢端在自己手中"。让十几亿中国人吃饱吃好、吃得安全放心，最根本的还要依靠农民，特别是要依靠新型职业农民。2012 年以来的中央一号文件，都强调要培育"新型

职业农民"。2012 年的中央一号文件首次提出，以提高科技素质、职业技能、经营能力为核心，大规模开展农村实用人才培训，鼓励涉农行业兴办职业教育，努力使每一个农村后备劳动力都掌握一门技能，明确提出了大力培育新型职业农民。2013 年的中央一号文件又提出农村劳动力大量涌动，农户兼业化、村庄空心化、人口老龄化趋势明显，农民利益诉求多元化，加强和创新农村社会管理势在必行。充分利用各类培训资源，加大对专业大户、家庭农场经营者的培训力度，提高他们的生产技能和经营管理水平。2014 年的中央一号文件提出要加大对新型职业农民和新型农业经营主体领办人的教育培训力度，农业部围绕主导产业着重加大对专业大户、家庭农场经营者、农民合作社带头人等的培训。2015 年的中央一号文件突出了农业经营体制改革，着力完善与现代农业发展相适应的农业生产关系，进一步强调农业职业教育和职业培训。2016 年的中央一号文件提出继续实施新型职业农民培育工程，在全国 8 个省、30 个市和 500 个示范县开展重点示范培育，探索完善教育培训、规范管理、政策扶持"三位一体"的新型职业农民培育制度体系。2017 年的中央一号文件提出探索培育农业职业经理人，培养适应农业发展需要的新农民。2018 年的中央一号文件提出大力培育新型职业农民。全面建立职业农民制度，完善配套政策体系。实施新型职业农民培育工程。支持新型职业农民通过弹性学制参加中高等农业职业教育。创新培训机制，支持农民专业合作社、专业技术协会、龙头企业等主体承担培训。引导符合条件的新型职业农民参加城镇职工养老、医疗等社会保障制度。鼓励各地开展职业农民职称评定试点。2019 年的中央一号文件提出在全国范围内实施新型职业农民培育工程，根据农村实际需要开展相应的农民职业教育。2020 年的中央一号文件提出重点培育家庭农场、农民合作社等新型农业经营主体，培育农业产业化联合体，通过订单农业、入股分红、托管服务等方式，将小农户融入农业产业链。2021 年的中央一号文件提出实施家庭农场培育计划，把农业规模经营户培育成有活力的家庭农场。培育高素质农民，组织参加技能评价、学历教育，设立专门面向农民的技能大赛。

三、广西农民财经素养教育的必要性和重要性

通常意义上来说，财经素养是指做出明智的财务决策所需要的知识、技能和态度。在生活中，它表现为通过积极的财务规划和管理增进生活幸福，实现人生目标。过去十几年里，财经素养成为国际上最活跃的教育主题之一，是非常受重视的核心软技能。著名的国际学生评估项目（Program for International Student Assessment，PISA）从 2012 年起也将财经素养列为测试科目。自 2009 年经济合作与发展组织（OECD）倡导金融教育国家战略以来，已经有 50 多个国家发布和实施了国家战略，将财经素养教育纳入国民教育体系日渐成为共识。2014 年起，英国规定，公立学校学生在校期间必须接受财经素养教育。在美国，51 个州和特区全部将经济学纳入了课程体系。美联储前主席、著名经济学家伯南克在任期间亲自参加金融教育场馆的开幕式并发表讲话，主张在学校开展财经素养教育。此外，很多人也许没有注意到，芬兰也是国际上财经素养教育非常成功的国家之一。

各国政府的积极态度不仅是从教育着眼，同时也是对财经素养教育社会价值的重新认识。未来消费者的财务决策和选择将更加多样，从支付高等教育费用到税务处理和保护信用记录，他们要承担更广泛的财务责任。人均寿命延长带来养老负担加重，其中很大部分要由个人来筹集和准备。现代金融市场和金融产品变得越来越复杂，广告促销无孔不入，增加了个人和家庭未来的财务风险。金融危机所暴露出来的消费者财经素养欠缺成为社会不稳定的现实威胁，需要政府从公共治理的角度做出有力的回应，而在学校开展财经素养教育则是效率最高的一种解决方案。财经素养教育的特点是普及性和基础性，是理解基本的经济金融概念，以及长期规划与自我管理等态度和价值观的培养。当然，在财经素养课堂上，学生会了解股票和资本市场、股票投资的风险、长期投资和多样化投资的效果等知识，但学校教育的着眼点是帮助学生认识金融市场和进行风险管理，而不是教学生去"炒股"，后者是商业机构做的事情。《中国农村居民金融素养抽样调查报告》显示：我国农村居民金融素养水平整体偏低，金融知识匮乏，金融技能单一。近年来，随着普惠金融发展不断提速，以普惠金融为载体、金融教育提升居民金融素养为

手段，推动金融扶贫精准实施已成为我国农村经济发展的重要措施。

近年来，广西财经素养教育工作的持续推进工作可以归纳为以下几个方面：第一，中国财经素养教育协同创新中心——广西分中心于2017年正式成立，是全国第一个中国财经素养教育协同创新中心的地方分中心。第二，2017年2月至2018年2月，中国财经素养教育协同创新中心——广西分中心在广西进行了居民财经素养水平与财经素养教育现状调研，调研结果显示，广西民众的财经素养和广西的财经素养教育均处于较低水平。第三，开展了面向地方公务员的财经素养提升试点培训。第四，组建了财经素养教育研究与实践的智库团队，制定并实施了"财经素养教育钻研计划"。但是对农民财经素养教育这一块涉及较少，且缺乏实地调查和实证研究，因此，开展广西农民财经素养教育研究具有重要的理论和实践意义。

第二节 相关概念界定与基本假设

一、相关概念界定

1. 乡村振兴战略

实施乡村振兴战略是党的十九大作出的重大决策部署，是决胜全面建成小康社会、全面建设社会主义现代化国家的重大历史任务，是新时代"三农"工作的总抓手。乡村振兴战略坚持农业农村优先发展，目标是按照产业兴旺、生态宜居、乡风文明、治理有效、生活富裕的总要求，建立健全城乡融合发展体制机制和政策体系，加快推进农业农村现代化。按照党的十九大提出的决胜全面建成小康社会、分两个阶段实现第二个百年奋斗目标的战略安排，2017年中央农村工作会议明确了实施乡村振兴战略的目标任务：2020年，乡村振兴取得重要进展，制度框架和政策体系基本形成；2035年，乡村振兴取得决定性进展，农业农村现代化基本实现；2050年，乡村全面振兴，农业强、农村美、农民富全面实现。

乡村振兴主要包括五个方面，即产业振兴、人才振兴、文化振兴、生态振兴和组织振兴，乡村振兴决定着全面小康社会的成色和社会主义现代化的质量。

2. 财经素养

财经素养就是财经素质修养，它是当今社会的核心生活技能。按照 PISA（国际学生评估项目）的定义，财经素养是指"一种关于财经概念和风险的知识和理解能力，以及运用这些知识和能力的技能、动机和信心，它可以帮助人们在日渐广泛的财经背景中做出有效决策，在经济生活参与中提高个人和社会经济利益"。可见财经素养是指人们处理财经问题、维系个体持久生存与社会持续发展的关键能力。它是指对现实的财经活动、财经现象反应的敏感性，认知、理解的正确性、全面性。它主要反映一个人在财经方面基本的认知能力、反应能力，是个人素质的一个方面，主要是依靠对财经知识的学习、思考，财经活动经验的积累、提升而形成的。

3. 农民教育

农民教育是指对农民实施文化科学和政治的教育。中国农民教育的根本任务是提高亿万农民群众的社会主义觉悟和文化科学水平，为社会主义物质文明和精神文明建设服务，为实现农业的现代化服务。农民教育的内容包括政治教育、文化教育和技术教育，实行普及与提高相结合和以普及为主的原则。

4. 财经素养教育

财经素养教育最早起源于 100 多年前的美国，它是作为公民教育而提出的。在公民教育中就有一部分内容讲到人应该要学习一些财经方面的知识，以获得适应社会、在社会上生存和发展的能力。1940 年，美国开始在中小学实施经济学教育，把很多经济学的内容纳入课程体系中，后来又出现了个人财经素养教育。从知识体系来讲，个人财经素养教育是把经济学、金融学以及管理学中与个人相关的部分抽出来而形成的。财经素养教育是一种基于财经知识、理财技能、财富管理和人生信念等基础修养的生活教育、思想教育、情感教育。

二、基本假设

本书提出以下基本假设：①乡村振兴战略对开展农民财经素养教育具有正向

的影响。②农民财经素养教育的供需不平衡会制约其财经素养的发展。③政策的有效引导能够促进财经素养教育的可持续发展。

第三节　研究目标和研究内容

一、研究目标

本书的研究目标是在了解调研广西农民财经素养教育发展现状的基础上，以乡村振兴战略为背景，从财经素养教育供需的角度，分析广西农民财经素养教育在供需两个方面存在的问题，并从乡村振兴的视角对存在的问题提出解决方法，力图缓解广西农民财经素养教育的供需矛盾。

二、研究内容

本书的主要内容包括：①乡村振兴战略对人才的需求。②宏观描述广西农民财经素养教育的现状。③通过问卷调查对广西农民财经素养教育供给现状进行实证分析。④通过问卷调查对广西农民财经素养教育需求现状进行实证分析。⑤从乡村振兴的视角提出广西农民财经素养教育的思路与对策。

第四节　数据来源和问卷设计

一、数据来源

本书的整个调研过程分为两个阶段：①小规模预调查。为了在大规模的调查中减少错误，提高研究的可靠性与科学性，先在柳州市柳南区太阳村镇、柳江区成团镇灵江村对农户参与财经素养教育行为、意愿等进行了摸底和小样本预调查，调查问卷回收后，针对调查中存在的问题对问卷进行进一步修订，修订内容包括问卷题目的针对性、所提问题的可理解性、回答问题的有效性等。特别是通过前期的小规模调研发现，农民对"财经素养"这个词比较陌生，为了能更好地了解农民的真实想法，在本调查中做了部分调整，如把"财经素养"换成"金融理财"。②大规模调查。本次调查对广西壮族自治区下属的南宁市、柳州市、桂林市、河池市、百色市、贵港市、来宾市、北海市、梧州市、钦州市、崇左市、贺州市等地区开展农户实地调查，共发放问卷 650 份，回收问卷 631 份，问卷回收率为 97.08%。此次调查覆盖了广西壮族自治区下辖的 14 个地级市，在当地政府的支持下落实到具体的调查对象，以确保实地调查能够顺利进行并得到翔实可靠的研究数据。

二、问卷设计

在乡村振兴背景下开展广西壮族自治区农民财经素养教育供需研究，需要深入了解广西农民参与财经素养教育的现状、参与教育的态度、参与教育的行为特征、参与教育的意愿等。基于此，本次调查问卷设计共分为三个部分：第一部分是对农民基本情况的调查。主要内容是：农户的年龄、性别、受教育年限、家庭人数、劳动力人数、外出打工人数、家庭位置、经营主体、家庭收入等。第二部分是对农民财经素养教育供给的调查。主要内容是：农民教育培训类型、当前农村的财经素养教育宣传、财经素养教育的方法、财经素养教育的地点、财经素养教育信息的获取渠道、参加财经素养教育的次数等。第三部分是对农民财经素养教育需求的调查。主要内容是：农户财经素养教育的意愿、农民的理财行为、农民现有的财经素养水平、农民对财经素养教育的了解、农民对财经素养教育的偏好等。

第五节 研究思路和研究方法

一、研究思路

本书首先阐明了研究的背景和研究意义，研究的方法、思路和内容，对国内外研究现状进行综述，确定本书的研究基础。其次，明确在乡村振兴战略背景下农民财经素养教育的重要性，进而宏观描述广西农民财经素养教育的现状。再次，通过问卷调查，一方面对广西农民财经素养教育供给现状进行实证分析，另一方面对广西农民财经素养教育需求现状进行实证分析。最后，从乡村振兴的视角提出广西农民财经素养教育的思路与对策。本书的技术路线如图1-1所示。

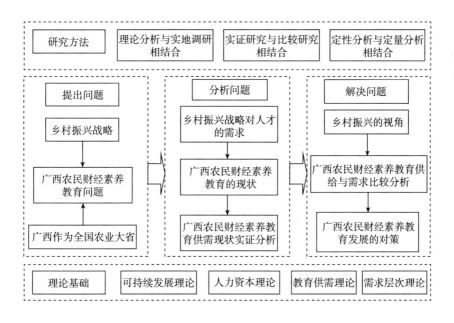

图1-1 本书的技术路线

二、研究方法

研究方法如下：①理论分析与实地调研相结合。借鉴国内外已有的研究成果，为乡村振兴背景下广西农民财经素养教育供需研究提供理论支撑。另外，以农户实地走访的形式，完成对农户的入户问卷调研。②实证研究与比较研究相结合。本书以问卷调查数据为基础，对广西农民财经素养教育供需现状进行实证分析。同时，通过对广西农民财经素养教育供给与需求进行比较分析，提出广西农民财经素养教育发展的对策。③定性分析与定量分析相结合。通过运用可持续发展理论、人力资本理论、教育供需理论、需求层次理论等定性定量方法，有效地开展农户生计变化分析。

第六节　研究的创新之处

本书研究的创新之处包括三个方面：①研究视角的创新，国内外有关农民财经素养教育的研究有很多，但在乡村振兴战略背景下对农民财经素养教育问题的研究成果还比较缺乏。②研究方法的创新，现有的有关农民财经素养教育的文献中，大多以定性分析为主，缺乏对农民财经素养教育的定量研究，本书则是以问卷调查数据为基础，对广西农民财经素养教育供需现状进行实证分析。③研究内容的创新，本书从供给和需求两个方面对广西农民财经素养教育进行分析，是对广西农民财经素养教育研究的有益补充。

第二章 文献综述及理论基础

第一节 文献综述

一、农民财经素养教育研究综述

1929~1933 年，国外的财经素养教育开始萌芽。美国、英国、日本等作为财经素养教育的先行国，率先提出"财经教育""财商教育""金融教育"等概念，而后各国逐渐采用"财经素养"这一新兴概念，并不断推进财经素养教育的开展。楚晓琳（2018）指出，国际学生评估项目（PISA）认为财经素养是"学生对于财经与风险相关知识的理解能力与把握程度，并运用这些知识的技能、动机和信心，使得个体能够更好地在复杂的财经环境中做出良好决策，提升个体与社会的经济效益以及参与社会经济生活"。澳大利亚证券和投资委员会将财经素养定义为"个体根据自身实际情况做出有效财经决策，并能够改善个体与社会金融福祉所必须掌握的财经知识、技能、态度和行为的有益组合"。在过去的几十年中，发达国家和发展中国家都开始关注其公民的财经素养，特别是 2008 年金融危机之后，财经素养教育得到了更广泛的关注。目前已有美国、澳大利亚、俄罗斯、爱沙尼亚、马来西亚等 70 多个不同收入水平的国家正在制定或已经实施本国的财经素养国家战略。其他国家也在不断修订本国的财经素养国家战略。例如，澳大利亚最新的国家战略是 2018 年发布的《财经能力国家战略》，是在之前的两个财经素养国家战略基础上制定的，这个战略更加强调日常资金管理，规划未来并做出明智决策，特别关注通过正规教育系统对青少年的财经素养教育。爱沙尼亚制定了"2013—2020 年财经素养"国家战略，美国在 2011 年发布了《财经素养国家战略》，并于 2016 年进行了修订，该战略更加强调年轻人财经素养的重要性，以使其在走向社会后更有可能成为经济上有保障的人。另外，国际组织和各国在不断地探索改进财经素养教育评价方式、评价内容和评价应用等方面内容。如 OECD 在国际学生评估项目（PISA）中增加了财经素养测评，2018 年有 20 个国家和组织（其中 13 个经合组织成员国）参加了财经素养测评，其中澳大利亚、意大利、波兰、俄罗斯、斯洛伐克共和国、西班牙和美国 7 个国家连续参加了 3 次财经素养测评。日本于 2011 年、2016 年在全国范围内开展了两次财经素养评价，2016 年根据地域分布和人口结构，对全国 25000 名 18～79 岁的居民进行了财经素养水平大规模抽样调查。

我国学术界以"财经教育"为主题的研究可追溯到 20 世纪 80 年代。范林芳、傅安洲（2004）对德国中小学经济教育进行简要介绍，深入分析经济教育的需求与现实之间的差距和矛盾，论述了经济教育的内容和方法及其对课程建构产生的重要影响。庄舒涵（2016）对相关研究成果进行梳理与分析，并且指出当前财经教育研究存在财经教育概念尚未达成共识、实证研究不足以及本土化研究较少等问题与不足。张男星等（2019）将财经素养教育定义为在传授给学生经济知识、理财技巧的基础上将生活教育、情感教育、思想道德教育融入其中。从全国来看，近十年"财经素养"的研究成果逐渐增多。对于农民财经素养的研究有：王清星（2014）认为金惠工程在提高农民的金融意识、改善农村金融生态环境等方面发挥着积极的作用，并就进一步优化施教主体、完善培训教学内容、创新培训教学形式、改进对培训工作管理等方面提出建议。刘海睿（2020）阐述了培养职业农民金融能力的意义，梳理了国内外培养职业农民金融能力的经验与借鉴，提出了培养职业农民金融能力的对策和建议。温青超（2020）以呼和浩特市周边实地调研数据为基础，对农民的金融素养进行测评打分，构建测评框架进行分析，并运用多元回归计量模型对农民金融素养的影响因素进行分析。

二、农民教育供需研究综述

在农民教育供给研究方面，王青（2021）、吴业东和张霞（2020）及景琴玲等（2019）开展了很多卓有成效的研究。寿伟义（2022）提出，随着国家乡村振兴战略的出台和实施，农村职业教育有了新的发展机遇，但在农村职业教育的供给方面仍面临政策体系不完备、财政投入不足、体制机制不完善以及内部定位不清、供给体系固化、供给能力薄弱等问题。因此，农村职业教育需要与社会需求、人民期盼、自身可持续发展进行融合，坚持"抓好硬件、做好软件、激活要素、做好服务"，完善内生动力机制，构建城乡融合职教体系，创新人才培养模式，把握机遇，提升能力，直面挑战，构建新时代农村职业教育发展新格局。高春娟等（2021）聚焦乡村振兴人才需求，深入教育培训政府主管部门实施单位进行了农民培训供给调研，通过发放调查问卷、现场访谈等形式对1706名农民进行了教育培训需求调研，总结了浙江省农民教育培训存在的问题，包括教育有效供给与农民实际需求失衡错位、农民培训师资队伍建设未被重视、训后跟踪服务缺乏、基础设施和内涵建设力度不够等，提出了相关对策，包括建立全省"一线牵"的管理运行体系、建立全省"四联通"的培训资源网络、开展个性化农民教育培训、确保"全方位"的软硬件保障等。周彩莹（2017）认为新型职业农民教育供给作为培育过程中的重要环节，其有效供给状况直接反映教育供给效率的高低。2016年国家加大对新型职业农民的培育力度，山东省也开始在全省整体推进相关工作，教育供给将有所增加。因此，提升新型职业农民教育的有效供给水平，让农民教育真正发挥作用，服务于新农村建设和农业现代化的战略规划，就成为亟待解决的问题。周彩莹（2017）以公共产品供给理论和供需均衡理论为基础，结合文献研究法、实证分析法和比较研究法，探究山东省部分地区新型职业农民教育有效供给状况。李红兵、许亚东（2014）提出，农民职业教育的需求包括社会需求和个体需求，当前农民职业教育供给的主要问题在于强制推行社会需求，忽视农民个体需求，未能实现农民的教育主体地位，造成教育社会总目标和个体目标之间的矛盾，教学不能适应农民素质需求，各类保障机制有待完善等。需求决定供给，要满足当前农民职业教育的需求，应以群众路线为原则，吸引农民积极参与职业教育，以农民需求为核心建立起多元化的农民职业教育改革路径。

在农民教育需求研究方面，胡永万等（2021）、刘书军（2021）、张晓燕（2020）等取得了不少成果。龙坤（2015）以恩施市城镇化进程中的相关区域为调研地，以文献资料为基础，在参与观察的过程中进行了问卷与访谈调查，结合恩施市城镇化过程中经济结构、农民转移现状、现有的培训水平来阐述农民对技能培训的需求，并对需求进行层次划分，分析各个层次的需求变化，发现了现有的农民技能培训和农民需求之间的主要问题，集中在农民自身、支持组织和供需矛盾三个方面。周凌云、王文科（2014）提出，我国的农村成人教育培训相对城市而言一直处于落后状态，在农村成人教育培训工作中，对农民需求的广度和深度认识不足，教育供给的数量和质量不足，且存在错位现象、耦合度不高等问题。小农经济模式、农业产品的单一经营、教育资源供给不足、监管不力以及农民的低文化与旧观念等因素阻碍了农村成人教育培训发展。程宏志等（2013）认为，近年来，农民教育培训工作日益受到重视并快速发展，但与农村的新变化和农民的需求相比仍存在差距。该研究以安徽为例，通过长期实地调查，客观分析了当前农民教育培训供需失衡及其影响因素，提出可行的发展思路和改善对策。杨素铧（2012）认为，重视农民教育、加强农民教育供给、提升农民素质是解决"三农"问题的有效方法。该研究立足福建省，学习借鉴国外发达国家农民教育供给实践，归纳总结了富有特色的北美模式、西欧模式及东亚模式。同时，利用西方经济学对公共产品供给及其模式的理论知识，构建了具有福建特色的农民教育供给模式。该研究内容主要包括：国外农民教育的主要供给模式、福建省农民教育供给现状调查分析、对福建省农民教育供给模式的构建等。该研究采用调查访谈法，选取福建省九地市部分乡镇及农村地区，发放问卷 1100 份，回收 901 份，有效问卷 721 份。赵邦宏等（2008）基于河北省 398 位农民的问卷调查，对新时期农民教育培训的供需现状及供需失衡的原因进行了分析，并从农民的视角对教育培训的供给主体进行了定位。分析结果表明，农民教育培训供给总量不足且供求错位，造成这一现状的原因主要是农民教育培训体系不健全、培训费用过高、培训时间安排不当等。基于此，该研究对新时期农民教育培训供需均衡的实现提出了相应的对策和建议。

三、乡村振兴背景下农民教育研究综述

在乡村振兴背景下的农民教育研究中，孙家根（2022）、安宏宇（2022）、张培卫（2022）等开展了很多卓有成效的研究。聂玉霞、汪圣（2022）提出推进农村社区教育不仅是乡村教育高质量发展的必然要求和发展趋势，也是乡村振兴战略的重要组成部分。在对山东青岛市、潍坊市、泰安市进行调研的基础上，梳理了三地农村社区教育的实践思路，发现农村社区教育仍然面临诸多困境，即发展空间失衡、理性认知和参与不足、工作队伍人员匮乏及整体素质有待提高、数字化发展较为落后、教育评价体系尚未成熟等。为此，应基于政策供给和人力、物力、财力支持，强化教育理念和内生动力，积极进行人才引进和培训，提供数字化平台和技术，完善评价体系等，多措并举优化农村社区教育。陈艳红（2022）提出农民在农村现代化发展中起到重要的主体作用，是乡村振兴的关键所在。结合专项调研成果，分析了开展新型农民职业培训的必要性与可行性，提出了一系列对策和建议，以期促进新型农民职业培训质量的提升，推动乡村人才和产业振兴，为乡村全面振兴添动力、增活力。刘春萍等（2022）认为，乡村振兴战略下县乡图书馆承担着促进社会主义新农村发展和培养新型农民的重要使命。乡村振兴，要把新型农民教育放在重要位置，要最大限度地发挥人才助力乡村振兴的作用。该研究通过阐述县乡图书馆在乡村振兴中的作用，分析县乡图书馆的服务现状，提出县乡图书馆服务新型农民培养的策略。张敏敏（2022）认为，目前我国取得了脱贫攻坚战的全面胜利，即消除了绝对贫困，进入乡村振兴

的全面建设阶段。农村职业教育作为培养新型农民主力军的主要措施，在促进农村经济发展方面发挥着重要作用，同时也面临着认知观念陈旧、自身办学发展不足等现实困境问题。只有进一步创建农村职业教育协同发展机制、建立教育信息化体系、提升新时代农村职业人的创新创业能力，才能进一步加快乡村振兴的步伐。闵岚（2021）围绕乡村振兴与农民思想政治教育二者的辩证关系，运用文献研究法、综合分析法、比较研究法，在充分把握农民思想政治教育现状的基础上，以"坚持党的领导、坚持农业农村优先发展、坚持农民主体地位、坚持乡村全面振兴、坚持城乡融合发展、坚持人与自然和谐共生、坚持因地制宜循序渐进"为原则，阐述了乡村振兴背景下农民思想政治教育的内容体系，并从加强党的基层组织建设、发挥政府引导作用、营造社会氛围、深化校地合作、调动农民内生动力、总结吸收成功经验、创新教育方式方法等方面提出了加强农民思想政治教育的渠道。许金灵（2021）以云南省戛洒镇这个边疆民族特色小镇为例，以人力资本理论、可行能力理论及终身学习理论为基础，结合文献分析，利用问卷调查法、访谈调查法对戛洒镇开展农民教育培训的情况进行实地调查，运用SPSS23.0分析软件对收集的数据进行分析，进而探究戛洒镇目前开展农民教育培训存在的主要问题，并以乡村振兴战略为背景，提出解决戛洒镇农民教育培训问题的对策。张广会（2020）从新型职业农民培育相关理论、乡村振兴战略人才需求状况和我国农村的实际情况出发，通过对我国新型职业农民的培育现状进行分析，发现存在的问题及原因，并借鉴发达国家职业农民培育的成功经验，对我国新型职业农民的培育问题进行深入研究，最后提出完善新型职业农民培育的对策与建议，让农民成为一个富有吸引力的职业，实现乡村振兴战略的伟大目标，走出具有中国特色的乡村振兴道路。

四、广西农民教育研究综述

广西农民教育研究方面，张新蕾（2018）、张季等（2017）、唐峰等（2016）开展了很多卓有成效的研究。翟立艺等（2021）提出，广西作为职教大省，县域参与职业教育的人数占比较高。农村职业教育作为农村现代化发展的支撑力量之一，在人才培养、农村产业转型、现代化技术运用等方面起到了不可替代的作用。广西农村职业教育涉及农民培训和县域中职教育两个方面，该研究从这两个方面阐述了广西农村职业教育的发展现状，发现问题，针对性提出对策。黎梦荻等（2021）提出，"十三五"规划实施以来，广西农业结构升级转型，农村新业态以及新型经营主体出现，广西高素质农民学员亟须加强法律服务的引导与支撑。以学员培训需求为切入点，通过问卷调查、个案调查等方式，对法律服务基地建设情况进行分析研究，提出进一步加强广西高素质农民教育培训法律服务工作的建议。梁珍明（2019）认为，影响、制约广西壮族聚居地农村成人职业教育发展的有诸多重要因素，可从社会、学校和农民三个层面分析。西部农村成人职业教育是农村教育中的薄弱环节，有必要分析其制约因素，采取相应措施，以提高农民整体素质，推动农村教育和经济发展。李柳红等（2018）以广西壮族自治区兴业县大平镇江下村为调查对象，采用实地访谈与问卷调查相结合的方式，对该村村民的政治信仰、素质能力、教育培训等方面进行详细的调查，既总结了该村在农民思想政治教育方面取得的良好成绩，也发现了存在的困难与不足，并提出相应的建议和对策。卢桂玲（2018）就近十年来梧州市科技教育培训现状、存在的问题进行分析，提出新形势下农民科技教育的对策。胡巧滨（2013）以新农村建设为大背景，探讨在新农村建设进程中广西农民思想道德教育问题。覃雪梅（2012）以推动广西社会主义新农村建设为出发点，在广泛调查当前广西农民思想政治状况和农民思想政治教育工作现状的基础上，梳理出存在的问题，对现存问题进行分析，结合广西的特殊实际和社会主义新农村建设的要求，探索出一套行之有效的广西新农村建设背景下开展和加强农民思想政治教育的思路与对策。黄约、辛燕（2012）认为要牢固树立民族地区农民群众的生态文明意识，根治农村面临的各类生态问题，必须高度重视对广大农民群众进行生态教育，增强农民的生态意识，自觉将生态文明建设与农业经济有机结合起来，开辟现代农业可持续发展的崭新途径。李雁（2008）通过对广西农业职业教育发展现状进行分析，解析出广西农业职业教育发展中存在的问题并分析其原因，进而提出了促进广西农业职业教育发展的对策。

第二节　理论基础

一、可持续发展理论

人类对于可持续发展理论的研究是从对城市发展进程中资源短缺和环境污染问题的关注开始的。20 世纪 60 年代以前的报纸或书刊几乎找不到"环境保护"这个词，也就是说环境保护在那时并不是一个存在于社会意识和科学讨论中的概念。直至海洋生物学家蕾切尔·卡逊出版了《寂静的春天》一书，人们才意识到环境问题的存在。《寂静的春天》的结论是严峻的，它就像旷野中的一声呐喊，引起了公众对环境问题的注意，各种环境保护组织纷纷成立，环境保护问题被提到了各国政府面前，从而促使于 1972 年召开的联合国人类环境会议上首次提出可持续发展（Sustainable Development）概念。1987 年，挪威前首相 Brundtland 夫人在《我们共同的未来》中提出可持续发展的定义后，国内外对如何定义可持续发展及其相关概念展开了广泛而热烈的讨论，出现了各种各样关于可持续发展的定义。与这些定义相比，Brundtland 夫人的定义是被各种文献引用最多的一个，它在最一般意义上得到了广泛的接受和认可，因而成为一个事实上的标准定义，即"既满足当代人需要，又不损害后代人满足其需要能力的发展"。可持续发展理论是从经济增长和发展理论、协调发展理论、未来学等学科和理论不断渐进深化发展而形成的一门新型的理论。发展至今，可持续发展理论本身已经有了丰富深厚的内涵，对开展乡村振兴背景下广西农民财经素养教育问题有很强的指导意义。

二、人力资本理论

人力资本理论（Human Capital Theory）最早起源于经济学研究。20 世纪 60

年代，美国经济学家舒尔茨和贝克尔创立人力资本理论，开辟了关于人类生产能力的崭新思路。该理论认为，物质资本是指物质产品上的资本，包括厂房、机器、设备、原材料、土地、货币和其他有价证券等；而人力资本则是体现在人身上的资本，即对生产者进行教育、职业培训等支出及其在接受教育时的机会成本等的总和，表现为蕴含于人身上的各种生产知识、劳动与管理技能以及健康素质的存量总和。人力资本管理不是一个全新的系统，而是建立在人力资源管理的基础之上，综合了"人"的管理与经济学的"资本投资回报"两大分析维度，将企业中的人作为资本来进行投资与管理，并根据不断变化的人力资本市场情况和投资收益率等信息及时调整管理措施，从而获得长期的价值回报。传统人力资源管理不仅没有过时，而且是人力资本管理的技术基础。人力资本管理正是通过整合人力资源管理的各种手段，从而获得更高水平的价值实现。人力资本管理注重投资与回报之间的互动关系，并结合市场分析制订投资计划，因而相对来说更为理性，对市场变化更为敏感，侧重点和衡量尺度更为明确，还可结合经济学分析模型进行更长远的预测，前瞻性地采取行动。

三、教育供需理论

教育是培养人的活动，所以它有别于纯粹的商业性活动，但在市场经济条件的视角下，教育培养的各类熟练劳动力和专门人才是具有商品属性的。因而教育同其他商品生产部门一样，都存在着供给与需求的问题。教育供给与教育需求是一对相辅相成的矛盾统一体，它们是供给与需求理论的特殊研究领域，因而它们既符合供给与需求的同一性，又具有自身的特殊性。教育供求矛盾是多方面的，既包括结构性、地域性、政治性、历史性等问题，也包括质量、数量、认识、理论等方面。所以，要解决这种矛盾，根本不是教育的事情，而是对理论的认识，是对中国现实和历史的理解与认识。教育供求问题是伴随着市场经济的发展而产生的现实问题，因此，用经济学的供求理论来分析教育供求问题、揭示教育发展的规律，具有重要的理论意义和现实价值。

四、农户行为理论

对农户行为的研究，国内外学者做了大量卓有成效的工作，形成了三个主要流派：一是以恰亚诺夫为代表的组织生产学派；二是以西奥多·舒尔茨为代表的理性行为学派；三是以黄宗智为代表的历史学派。

组织生产学派以恰亚诺夫为代表，通过长达30年的农户跟踪调查（调查对象主要是1930年集体化前的俄国村社农民）指出：在国民经济商品化过程中，农户家庭经营具有劳动力和需求的自给性，难以核算其劳动工资与收益，而且很难获取家庭全年的劳动力和资金量，因此无法衡量其单位生产成本与收益。他们追求的是"有条件的均衡"，即农户消费的边际效用等于休闲的边际效用，就是说农民对某项活动的劳动时间投入直到农户评价的边际效用等于所获得商品的边际效用时才停止，在追求最大化上农户选择了满足其消费需求和劳动辛苦程度之间的平衡，而不是成本和利润之间的平衡。由此，农户经济本身形成了一个独特的体系，遵循着自身的逻辑和原则。

理性行为学派以诺贝尔经济学奖获得者西奥多·舒尔茨为代表，认为小农像任何资本主义企业家一样，都是"经济人"，其生产要素的配置行为也符合帕累托最优原则，小农经济是"贫穷而有效率"的。西奥多·舒尔茨的主要论点是：一个竞争的市场运行于小农经济中，与资本主义经济并无不同。要素市场运行得如此之成功，以致"在生产要素的分配上，极少有明显的低效率"。小农生产者在继续投资时同样也遵循着收益递减的规律。因此，改造传统经济所需的是合理成本下的现代投入。一旦现代技术要素能在保证利润的价格水平上得到，小农生产者会采纳先进技术并继续投入生产，因为他们也在追求利润最大化。

历史学派以黄宗智为代表，他认为农户在边际报酬十分低的情况下继续投入劳动力，可能的原因是农户意识中还没有边际报酬的概念或者农户家庭受耕地规模不足和家庭剩余劳动力多带来的生存压力导致劳动投入达到非常高的水平，有时边际产品甚至趋近于零。在一个农户家庭拥有较多的过剩劳动力，而这些过剩的劳动力在劳动力市场上又无其他就业机会的情况下，从事极低报酬的工作是完全"合理"的，因为这样的劳动机会成本几乎为零。因此，他提出了"拐杖逻辑"概念，其核心是农村剩余劳动力无法独立成为一个新的阶层，他们依然会继续附着在小农经济中，不能成为真正意义上的雇佣劳动者，黄宗智称这种现象为"半无产化"。最后，即使没有人口压力，仅出于为自家干活的刺激不同于为被他人雇用的缘故，农户也会在报酬低于市场工资的情况下进行工作。

这些学派的不同观点为本书开展农户行为研究提供了很好的参考资料。目前中国农村的社会经济结果既不同于西方学者所考察和描绘的小农社会，也不同于黄宗智的"过密化"理论及以前的小农社会。因此，本书在研究农户参与财经素养教育行为时，应充分考虑农户周边的自然、经济、社会、文化和制度等各方面因素的综合影响，需要将农户行为放到各种环境中进行综合考虑。

第三章　农民财经素养教育概述

第一节　农民财经素养的概念

提到财经一词，人们往往会把它和金钱联系起来。金钱不是万能的，但它的确能够给人们带来更多的自由。很多人梦想实现财务自由，而在积累财富的过程中，所需的能力除了智商（IQ）、情商（EQ）和逆商（AQ）之外，还有财商。财商是一个人认识金钱和驾驭金钱的能力，指一个人在财务方面的智力，是理财的智慧。它包括两方面的能力：一是正确认识金钱及金钱规律的能力；二是正确应用金钱及金钱规律的能力。财商是一种现实中非常需要也最容易被人们忽略的能力，一个财商高的人，懂得合理地运用自己的时间，科学地管理自己的金钱，并享受努力的成果。反之，漠视财商的人，则可能使自己在其他方面的努力事倍功半。当前对财商综合评估分为三大维度：财富观念、理财能力和致富资源，还可以细分为几个子维度：财富欲、财务安全感、储蓄能力、盈利能力、风险把控、理财知识、行动力等。说到财商，犹太人无疑是这方面的佼佼者。数据显示，几乎所有犹太人从小就接受良好的财经素养教育，而仅占世界人口总数0.2%的犹太人中诞生了27%的诺贝尔奖获得者，仅占美国人口2%的犹太人拥有美国 70% 以上的财富。在中国也有相似的例子，浙江人很注重孩子的财经素养教育，他们被称为中国的犹太人，在中国大部分地区人们争先恐后地考公务员，而在浙江人们更倾向于做生意赚钱。浙江虽然富为鱼米之乡，却人多地少，生存竞争激烈，所以浙江人外出闯荡的很多，尤其是温州人更是遍布天下。在严酷的竞争中，浙江人培植起一种生存的能力，走南闯北做生意，他们凭本事养活自己，修钟表，擦皮鞋，裁衣服，只要是能够糊口的职业，几乎都可以见到浙江人的身影。可见，财经素养教育对人们的影响是十分深刻的，农民自古属于经济条件较弱的阶层，只有对他们进行财经素养教育才有可能扭转他们的经济困境。

关于财经素养的定义，影响比较大的有两个。一个是经济合作与发展组织的定义：对财经概念和风险的知识和理解力，以及应用这些知识和理解力的技能、动机和信心，使个体在各种财经情境下能作出有效决策，提高个人和社会的经济利益，并能够参与经济生活。另外，学术界还有一个定义：运用知识和技能有效地管理个人的财经资源，以实现一生的财务安全。比较这两个定义，尽管措辞各不相同，但整个含义是类似的，都分为两个层次：第一个层次是对知识的掌握和理解，也就是知识技能的积累，这是基础；第二个层次是目的和应用，即知识技能的应用，以及态度、动机、价值观等。本书所探讨的财经素养的主体是农民，对农民范围的理解，要从时间、空间、价值与活动领域四个维度去准确把握。基于这一认识，将农民财经素养表述为：以农业生产为职业的个体或人群对财经概念和风险的知识和理解力，以及应用这些知识和理解力的技能、动机和信心。

第二节　农民财经素养教育的基本内容

财经素养教育的基本内容，涉及财经素养包括哪些方面的问题，换言之，财经素养的内涵包括哪些。对于这一问题，中外学者都进行过探讨，如北京师范大学财经素养教育研究中心苏淞提出了财经素养的内涵和外延。他认为，财经素养的内涵包括：一是内容，也就是知识和理解力，是整个财经素养结构的基础；二是过程，就是如何运用这些概念，比如如何在日常生活中合理地运用学到的知识和经验，从而做出决策；三是背景，在进行财经教育的时候，需要用到一个背景，这个背景是日常生活中的，如旅游、职业选择、职业发展等；四是非认知因素，这个非认知因素对财经行为是有影响的，除知识、技能、办法外，更多的还有动机、信心、态度等，这些非认知因素会影响人们对财经素养知识的理解和应用。关于财经素养的外延，他认为财经素养教育并不是说要把孩子培养成一个金融精英，更多的是强调培养其资源管理的能力，如对时间、精力的管理，包括如何去选择，如做一件事情的先后顺序等。第一，注重培养能力。在获得知识技能的基础上培养青少年的责任感，形成良好的行为习惯，自信理性地决策和选择，积极乐观地面对生活。财经素养中，我们更强调能力的培养，更重视责任感、信心、乐观等良好品质的养成，这远比知识更重要。第二，注重塑造价值观。财经素养教育是以金钱观为切入点，形成关于个人与家庭、个人与集体、个人与社会以及个人与国家关系的一个正确的价值观。财经素养教育的意义不只是学习经济学、金融学知识本身，还包括运用经济金融的思维解决问题，培养良好的行为模式，提前为适应未来要求越来越高的社会环境做好准备。结合乡村振兴战略，本书则主要从财经观念、财经知识、财经意识与财经能力等方面探讨农民财经素养教育的基本内容。

一、财经观念的培养

财经观念中比较重要的一点就是理财观念的培养。理财本应是我们每个人生活中不可缺少的生活习惯，但是因为每个人生活环境和生活习惯的不同，对理财的认知以及理财观念也存在着一定的差距。提到理财，很多人会说，"那只是有钱人的游戏""我没有钱，怎么理财呢？""理财，离我很远，等我有钱了再说吧"。现实生活中很多人都认为理财是有钱人的游戏，但事实是理财应该是人们生活中每天都应该在做的事情。

因为人是群居动物，不可能离开社会而独立存在。尤其是在当今社会，人们每天都生活在交易当中。有交易就存在理财，因为消费本身就是一种理财行为。基于这种观念，很显然，理财不在乎钱多钱少，最重要的是我们培养理财的意识与理财的观念，提升人们的机会。思想指导行为，什么样的思维决定人们有什么样的行动与归宿。所以提升理财知识，充实脑袋尤为重要。

理财是一个积累的过程，不是一蹴而就的，农民朋友们要及时总结自己的理财体验，通过自己的日常体验不断掌握趋势，让自己轻轻松松地去理财。首先，每个人都应该认清自己的财务状况，正视自己的理财水平和观念，因为现实生活中很多人，尤其是很多农民对自己的财务状况不是很清楚，更加没有理财的概念。其次，选择初级理财的书籍、讲座，让自己对理财的概念、理财的基本知识有所了解，使自己有一个提升的基础。通过参加理财讲座与理财交流会，在不断扩充自我理财知识的同时，不断扩大个人的理财圈子，在与人沟通的过程中，不断增长自己的见识与人脉资源，让理财知识与实践有机结合，让信息产生价值。最后，及时总结，掌握理财趋势。只有这样农民朋友们的财经观念才能够逐渐培养起来。

二、财经知识的获取

财经方面的知识很多，从财经素养的角度，需要从以下四个方面来进行财经知识的获取。第一，营销知识。营销就是把东西卖出去，然后别人还对你感激不尽。在现在这样一个讲究个人品牌的时代，不懂得营销是很难在社会上立足的，更不要谈发展得有多好了。因为营销的背后是对于人性的解读和理解，懂得了人性，那么就知道人性的弱点在哪里。懂得了营销，才能建立更好的品牌，名声有了，赚钱的机会自然也就多了。第二，财务知识。想要管理财富，就一定要学习相关的财务知识，因为财务知识能够有助于人们建立基本的理论知识。想一想，如果一个人希望对自己拥有的金钱和财富有清晰的了解和掌握，必须要看得懂财务报表，而要看懂财务报表就必须掌握财务知识。如果是做投资的，那么还要懂得看公司年报，懂得如何分析一家公司的好与坏，等等。这是需要足够扎实的财务理论知识的。所以说，农民朋友们想要提高财商必须学习财务知识。第三，学习有关投资的知识。提高财商的目的是什么？为了积累财富，想要积累足够的财富，投资是最有效的方式，也就是通过让钱赚更多的钱。提高投资的能力，需要学习各种投资的知识，掌握不同的金融产品和投资的逻辑。比如懂得选择基金，知道怎么进行基金股票的投资，又比如需要掌握怎么进行企业投资、股权投资等。农民朋友们要想积累更多的财富，他们的投资能力必须要提高。第四，认真学习法律知识。在日常的生活中，农民朋友们总是以为法律离自己很远，觉得法律跟自己没有关系，于是就不去学习。可是到了真正需要用到的时候就知道法律的重要性，发现自己缺乏法律的知识了。在财富的管理上，法律知识能够帮助自己保护好自己的财富、资产，尤其是对于一些高净值人群来说，财富的传承是需要用到非常多的法律知识的。当然对于农民朋友们而言，法律在财富的管理上也起到了重要的作用，比如如何进行婚前财产的规划、如何利用法商的思维实现自己的财富目标。财商的提高，不是简单地学习基础的理财知识，而是综合知识的体现。

三、财经风险意识的增强

如今在市场经济条件下，个人或组织面临的内外环境要比自然经济条件时复杂得多，变化也要迅速、深刻得多，因而风险也要复杂得多。有人认为，在经济全球化、一体化和科学技术日新月异的条件下，一个典型的大企业会面临多达成百上千种的风险。一招不慎，就可能会导致前功尽弃、全盘皆输。理性对待，能够享受投资回报带来的好处，也能够承受一定的投资风险。不要幻想着无本万利的好事，即便存在这种情况，那也是在某一刻财商、情商、胆商的全部上线以及综合操盘的结果，否则早晚得付出代价。大部分农民朋友是不具备这种能力的，即便是金融机构中最专业的风投，马失前蹄的事情也是时有发生的，最好的情况可能也只是某个项目的投资回报能够覆盖多个项目的亏损。就像很多创业者，多折腾几次，只要你没有心力交瘁，创业成功的可能性就会大大增加，越挫越勇讲的就是这样一个道理。对于普通人而言，最好的投资状态是能够享受投资回报的乐趣，也能够承受一定的投资风险，把投资当作一种爱好，无论成功与否都不会影响到自己的生活状况，是一种生活情趣而非生活必需。每一位农民朋友都应该树立财经风险意识，以规避风险而不是以转嫁风险为目标，在遇到风险和损失时又能够从自己的言行上总结经验教训，承担起自己应承担的责任，不把责任和风险"赖"给别人，让别人为自己的错误买单。

四、财经理财能力的提升

很多人都片面地认为理财就是生财，就是投资增值，是有钱人才会考虑的事情。而事实上，理财的最终目标不是生财，理财的目的在于学会使用钱财，使个人与家庭的财务处于最佳的运行状态，从而提高生活的质量和品位。理财应该伴随人的一生，每个人在开始获得收入和进行独立支出的时候就应该开始学习理财，从而使自己的收入更完美、支出更合理、回报更丰厚。农民朋友们若是能够对理财方面的知识进行系统的学习，掌握一定的理财技术，那么在理财市场就会有更多的胜算。以基金投资为例，懂技术的话，至少知道如何保住盈利、如何止损等，没有技术的话，千万不要去碰那些复杂的理财产品，因为风险太大。农民朋友们只有认真学习理财技术，才能在生活中提高自身的财经能力。

第三节 乡村振兴背景下农民财经素养
教育的迫切性

乡村振兴，人才为先。人才是乡村振兴的关键要素，人才振兴是乡村振兴的重要支撑。2022年中央一号文件做出重要指示并提出了加强乡村振兴人才队伍建设的内容，具体包括：发现和培养使用农业领域战略科学家。启动"神农英才"计划，加快培养科技领军人才、青年科技人才和高水平创新团队。深入推行科技特派员制度。实施高素质农民培育计划、乡村产业振兴带头人培育"头雁"

项目、乡村振兴青春建功行动、乡村振兴巾帼行动。落实艰苦边远地区基层事业单位公开招聘倾斜政策，对县以下基层专业技术人员开展职称评聘"定向评价、定向使用"工作，对中高级专业技术岗位实行总量控制、比例单列。完善耕读教育体系。优化学科专业结构，支持办好涉农高等学校和职业教育。培养乡村规划、设计、建设、管理专业人才和乡土人才。鼓励地方出台城市人才下乡服务乡村振兴的激励政策。通过这些措施的实施，我国的农村人才一定会逐渐增多的，在这些人才的带领下，大多数农民的科技水平也会得到显著提高。

一、乡村振兴战略的发展历程

实施乡村振兴战略，是党的十九大作出的重大决策部署，是决战全面建成小康社会、全面建设社会主义现代化国家的重大历史任务，是新时代"三农"工作的总抓手。乡村振兴战略是中国经济社会发展方式一次大的转变。这一战略转变至少包括两个方面：一是建立健全城乡融合发展的体制机制和政策体系，真正实现从二元城乡社会经济结构走向一元。20世纪50年代，中国为从农业部门积累发展资本，加速工业化进程，形成了城乡二元经济社会结构。这种二元经济社会结构虽然短期内推动了工业化和经济发展，但导致了城乡居民收入差距扩大、城乡社会发展不均衡的问题，而农民的收入低和农村发展滞后反过来制约了整个社会经济的发展。从20世纪90年代开始，中央政府对重工轻农、重城市轻农村的二元结构开始纠偏，对农业实行多予、少取、放活的方针，此后又分别实行了以工补农的城乡统筹发展战略和以工促农、以城促乡的城乡一体化发展战略，但城乡居民之间在收入水平、公共服务上的差别并未消除。二是调整城市化发展战略，从过去重视大城市发展到促进大中小城市体系建设。这样既可以减缓大城市病和大城市生态资源紧张、社会负担，又可以促进城乡之间和区域之间更加均衡发展。

2018年中央一号文件是改革开放以来第20个、21世纪以来第15个指导"三农"工作的中央一号文件，文件题为《中共中央 国务院关于实施乡村振兴战略的意见》，对实施乡村振兴战略进行了全面部署。文件确定了实施乡村振兴战略的目标任务：到2020年，乡村振兴取得重要进展，制度框架和政策体系基本形成；到 2035 年，乡村振兴取得决定性进展，农业农村现代化基本实现；到 2050 年，乡村全面振兴，农业强、农村美、农民富全面实现。

2019 年 2 月 19 日，中共中央、国务院发布 2019 年指导"三农工作"的中央一号文件《中共中央　国务院关于坚持农业农村优先发展做好"三农"工作的若干意见》。文件共分为 8 个部分，包括：聚力精准施策，决战决胜脱贫攻坚；夯实农业基础，保障重要农产品有效供给；扎实推进乡村建设，加快补齐农村人居环境和公共服务短板；发展壮大乡村产业，拓宽农民增收渠道；全面深化农村改革，激发乡村发展活力；完善乡村治理机制，保持农村社会和谐稳定；发挥农村党支部战斗堡垒作用，全面加强农村基层组织建设；加强党对"三农"工作的领导，落实农业农村优先发展总方针。文件提出要及早谋划 2020 年脱贫攻坚目标任务完成后的战略思路，对摘帽后的贫困县要通过实施乡村振兴战略巩固发展成果，并提出要做好脱贫攻坚与乡村振兴的衔接。

2020 年 2 月 5 日，中共中央、国务院印发了《关于抓好"三农"领域重点工作确保如期实现全面小康的意见》，也就是 2020 年中央一号文件。文件指出，2020 年是全面建成小康社会目标实现之年，是全面打赢脱贫攻坚战收官之年。党中央认为，完成上述两大目标任务，脱贫攻坚最后堡垒必须攻克，全面小康"三农"领域突出短板必须补上。在这样一个承上启下之年，一号文件有很重要的现实意义和战略意义。"承上"意味着 2020 年要全面消除绝对贫困，顺利实现第一个百年奋斗目标。"启下"意味着，2020 年的中央一号文件也在为乡村振兴基本建立制度框架和政策体系。

2021 年 2 月 21 日，中共中央、国务院印发了《中共中央　国务院关于全面推进乡村振兴加快农业农村现代化的意见》，即 2021 年中央一号文件发布。这是 21 世纪以来第 18 个指导"三农"工作的中央一号文件。文件指出，民族要复兴，乡村必振兴。文件提出要坚持把解决好"三农"问题作为全党工作的重中之重，把全面推进乡村振兴作为实现中华民族伟大复兴的一项重大任务，举全党全社会之力加快农业农村现代化，让广大农民过上更加美好的生活。

2022 年 2 月 22 日，《中共中央　国务院关于做好 2022 年全面推进乡村振兴重点工作的意见》发布。这是21世纪以来第19个指导"三农"工作的中央一号文件。文件指出，要牢牢守住保障国家粮食安全和不发生规模性返贫两条底线，突出年度性任务、针对性举措、实效性导向，充分发挥农村基层党组织领导作用，扎实有序做好乡村发展、乡村建设、乡村治理重点工作，推动乡村振兴取得新进展、农业农村现代化迈出新步伐。

二、农民财经素养教育在乡村振兴战略中的作用

农民是"三农"重要的组成部分。乡村振兴战略实施的最根本目的还是实现农民生活的高质量。乡村振兴战略是否能够更好地实施，农民是否具有高素质也至关重要。可以看到，很多农村之所以落后、城乡差距之所以如此之大，与农民素质不高密切相关，农民素质不高导致农村劳动力、生产力的下降。因此，实施乡村振兴战略，离不开高素质的农民，这就需要打造高素质的农民队伍。打造高素质的农民队伍，需要不断对农民进行知识、技能的培训，提高他们的科学文化知识水平。新时代，随着知识、技能的不断更新换代，对于每个人的素质要求也不断提高。知识和技能的重要性越来越凸显。现如今农业也比以往更加机械化、自动化、智能化，如果缺乏应有的知识和技能，农民很难胜任现代农业中的各种生产劳动。这就意味着，当代的农民必须要掌握必需的知识技能，这就要求在农村地区务必要积极开展农民的各种知识技能培训，让农民也能够理解和掌握高科技，使他们能够真正应用高科技来进行农业生产劳动。

农村是人、资金、技术、信息聚集的载体，它可以为农村居民创业提供很多机会。政府应该积极培养农村的人才，打造一支高素质的农民队伍。当今社会，尊重人才也是时代发展的需要。农村之所以和城市发展存在差距原因在于农村缺乏人才，受制于很多客观因素，农村在人才工作上也显得有些无助，缺乏足够的吸引力，导致人才引不来留不住。这就需要积极培养农村本地人才，要培养当地有潜质、有发展愿望的农民，将他们打造成为本地的乡土人才，并且将这些人才用在更加重要的领域和岗位上，并委以重任，使他们真正锻炼和成长为能够独当一面、综合素质高的农村人才。农民是农村的有生力量，乡村振兴是否能够更好地实施，离不开农民的积极支持和参与。这就是说，乡村振兴需要高素质的农民队伍的支撑。因此，广大的农村应该积极地在加强农民教育培训、培养农村人才方面不断发力，真正在农村打造出更加适合当地发展的农民队伍，这样才能够真正助力乡村振兴战略的实施。

各级政府和金融机构还要尝试增强农村居民对金融政策、金融工具和金融服务的了解程度，提高其合法融资意识和创业能力，形成开放、多元化的投资体系，引导农村居民选取能够形成良好的产业结构、有竞争力的产业集群，进而促进产业兴旺，推进实施乡村振兴战略。2016年，《用户防骗意识及行为调查报告》显示，在接受调查的乡镇农村人群中，有近34.18%的人员遭受过诈骗损失，从侧面反映出，当前农村金融诈骗形势严峻，农民金融意识严重匮乏。当前，由于我国农村居民金融能力不高，金融素养水平整体偏低，对正规金融服务认识不足，普遍缺乏风险意识和辨别能力，容易受利益诱惑，非法集资、金融诈骗问题日益突出，高利贷尤其严重，并且随着互联网技术的发展，其隐蔽性和欺骗性越来越强，社会危害性很大，除了各级监管部门联合相关部门继续依法加大打击非法集资、金融诈骗等各类农村金融乱象的力度外，更要加强对农村居民金融知识的宣传和教育，提高农村居民的信用意识和风险意识，提升农村居民的金融素养，增强农村居民的金融能力，全面推动农村经济可持续发展，推进实施乡村振兴战略。

第四节　本章小结

本章从农民财经素养的概念、农民财经素养教育的基本内容、乡村振兴背景下农民财经素养教育的迫切性等方面对农民财经素养教育进行概述。

在农民财经素养概念方面，本书将农民财经素养表述为：以农业生产为职业的个体或人群对财经概念和风险的知识和理解力，以及应用这些知识和理解力的技能、动机和信心。在农民财经素养教育的基本内容方面，本章分别讨论了财经观念的培养、财经知识的获取、财经风险意识的增强和财经理财能力的提升四个方面的内容。从财经观念的培养来看，理财不在乎钱多钱少，最重要的是培养农民理财的意识与理财的观念。从财经知识的获取来看，农民还缺少很多财经方面的知识，从财经素养的角度看，农民需要学会从营销知识、财务知识、投资知识、法律知识等方面获取财经知识。从财经风险意识的增强来看，每位农民都应该树立正确的财经风险意识，以规避风险而不是以转嫁风险为目标，在遇到风险和损失时能够从自己的言行上总结经验教训，承担起自己的责任，不把责任和风险"赖"给别人，不让别人为自己的错误买单。从财经理财能力的提升来看，理财应该伴随人的一生，每位农民在开始获得收入和进行独立支出的时候就应该学习理财，从而使自己的收入更完美、支出更合理、回报更丰厚。

在乡村振兴背景下农民财经素养教育的迫切性方面，本章分别讨论了乡村振兴战略的发展历程和农民财经素养教育在乡村振兴战略中的作用两个方面的内容。乡村振兴战略的发展历程中，分别对 2018 年、2019 年、2020 年、2021 年和2022 年中央一号文件中有关乡村振兴战略的内容进行了梳理。从农民财经素养教育在乡村振兴战略中的作用来看，本章提出乡村振兴需要高素质的农民队伍的支撑。广大的农村应该积极地在加强农民教育培训、培养农村人才方面不断发力，真正打造出更加适合当地发展的农民队伍，这样才能够真正助力乡村振兴战略的实施。

第四章　广西农民财经素养概述

第一节　广西壮族自治区概况

一、自然地理现状

广西壮族自治区地处祖国南疆，位于东经 104°28′~112°04′，北纬 20°54′~26°23′，北回归线横贯中部。东连广东省，南临北部湾并与海南省隔海相望，西与云南省毗邻，东北接湖南省，西北靠贵州省，西南与越南社会主义共和国接壤。行政区域土地面积为 23.76 万平方千米，占全国土地总面积的 2.5%，在各省、自治区、直辖市中居第 9 位，管辖北部湾海域面积约 4 万平方千米。广西地处低纬度，北回归线横贯中部，南临热带海洋，北接南岭山地，西延云贵高原，属亚热带季风气候区。气候温暖，雨水丰沛，光照充足。夏季日照时间长、气温高、降水多，冬季日照时间短、天气干暖。受西南暖湿气流和北方变性冷气团的交替影响，干旱、暴雨洪涝、热带气旋、大风、冰雹、雷暴、低温冷（冻）害气象灾害较为常见。广西主要分布有山地、丘陵、台地、平原等类型地貌，分别占全区陆地面积的 62.1%、14.5%、9.1%、14.3%。山地以 1000 米以下低海拔山地为主，主要分布在桂西、桂东、桂北、桂中等；丘陵主要分布在桂东、桂南和桂西；台地以100米以下低海拔台地为主，主要分布在桂东和桂南；低海拔平原主要分布在桂东、桂南、桂西等，中海拔平原较少，主要分布在桂西。山多地少是广西土地资源的主要特点，山地、丘陵和石山面积占总面积的69.7%，平原和台地占27%，水域面积占3.3%。耕地面积为438.59万公顷（2018年度土地利用变更调查数），2016年末人均耕地约0.08公顷（1.20亩）。

二、社会经济现状

2021年是党和国家历史上具有里程碑意义的一年，是广西改革发展进程中极其重要的一年，实现了"十四五"良好开局，具体表现在：①经济运行持续恢复。初步预计，地区生产总值增长7.5%，两年平均增长5.6%。规模以上工业增加值增长8.6%，固定资产投资、社会消费品零售总额、外贸进出口总额分别增长7.6%、9%、22.2%。一般公共预算收入增长4.8%。②产业振兴成效明显。第一产业增加值增长8.2%，创23年来新高。工业投资增长27.5%，其中制造业投资增长37.4%、高技术制造业投资增长57.9%，新增规模以上工业企业超1300家，新能源汽车产量增长1.6倍。数字经济发展迅速，实物商品网上零售额增长16.6%，软件和信息技术服务业营业收入、电信业务总量分别增长75.2%、34.5%。③质量效益稳步提高。粮食产量为277.3亿斤，播种面积和产量保持"双增长"。规模以上工业企业利润增长41.2%。产值超百亿元工业企业达23家，其中民营企业9家。营业收入超2000亿元企业实现零的突破。生态环境质量总体优良，全国地表水考核断面水环境质量柳州市排名第一，6个设区市进入前十。④创新成果不断涌现。1人当选中国工程院院士，新增15家国家级创新平台，高新技术企业突破3200家，国家级专精特新"小巨人"企业达81家，转化重大成果750多项，有效发明专利数量增长15.46%。⑤开放迈出坚实步伐。西部陆海新通道建设取得突破，北部湾港开启通航30万吨级巨轮的历史，集装箱吞吐量突破600万标箱，海铁联运班列突破6000列。中国（广西）自由贸易试验区改革试点任务实施率为95%，入驻企业超5.6万家。南宁、崇左跨境电商综合试验区进出口额分别增长2.6倍、10倍。龙邦口岸扩大开放为国际性口岸。加工贸易进出口额突破千亿元。⑥民生保障扎实有力。居民收入增长7.8%，其中城镇居民收入增长6.2%，农村居民收入增长9.8%。新增就业40.7万人，城镇登记失业率为2.49%。保障农民工工资支付工作获得国家考核A等等次。中小学、幼儿园分别新增学位13.7万个、2.2万个，新增博士学位授权点9个，设立全国第一所农业类职业本科大学。改造棚户区、城镇老旧小区22.53万套，建设保障性租赁住房1.35万套。居民消费价格指数控制在目标范围内。

第二节　广西农村人力资源状况

一、农民家庭的劳动力情况

截至2020年，广西总人口为5718万人，其中乡村人口为2298万人，乡村人口占全区人口的比例为45.80%，如此庞大的农村人口数量，对广西的农村人力资源开发以及区域经济发展来说是巨大的困难和挑战。高效的农村人力资源开发是农村农业发展的动力源泉，不仅可以促进城乡一体化发展，还可以缩小城乡之间的差距。广西壮族自治区是人口大区，也是农业大区，农村人力资源较丰富但质量优势不明显，农村人力资源呈现如下特点：农村人力资源丰富、增长快，但素质低，劳动力资源数量供大于求，农村青壮年劳动力大量流失等。近年来广西农民家庭的劳动力基本情况如表4-1所示。

表4-1　广西农民家庭的劳动力基本情况　　　单位：户，人

年份	调查户数	期内住户常住人员数	平均每户常住人口	常住人员从业人数	平均每户整半劳动力	平均每个劳动力负担人口
2014	2307	8202	3.56	4810	2.08	1.71

年份	调查户数	期内住户常住人员数	平均每户常住人口	常住人员从业人数	平均每户整半劳动力	平均每个劳动力负担人口
2015	2345	8361	3.57	4907	2.09	1.70
2016	2365	8685	3.67	4965	2.10	1.75
2017	2365	8616	3.64	4819	2.04	1.79
2018	2607	9787	3.75	5327	2.04	1.84
2019	2607	9643	3.70	5144	1.97	1.87
2020	2607	9663	3.71	5063	1.94	1.91

资料来源：2021 年《广西统计年鉴》。

从广西农民家庭的劳动力基本情况看，从 2014 年到 2020 年这七年间，平均每户常住人口总体变化不大，在 3.56 人到 3.75 人之间小幅波动，总体呈现从少到多的变化趋势。同时，平均每户整半劳动力逐年下降，导致平均每个劳动力负担人口上升，从 1.71 人上升到 1.91 人。

二、农民家庭的受教育程度

另外，2014~2020 年广西农民家庭的受教育程度基本情况的统计数据如表 4-2 所示。根据 2021 年广西统计年鉴的数据计算得出平均每 100 个劳动力中的各类文化水平人数。从表 4-2 可以看出，广西农民家庭的受教育程度大部分集中在初中文化程度，占比达到 50%以上；其次是小学文化程度，占比达到 30%以上；再次是高中文化程度，占比达到 15%左右；最后是文盲或半文盲，占到 1%左右，中专文化水平也在 1%左右，大专文化水平人数较少，只有 0.1%左右。而且从 2014 年到 2020 年这七年间的变化来看，小学文化程度和初中文化程度的比例变化不大，高中、中专以及大专文化程度都有小幅上升，文盲比例有所下降。

表 4-2 广西农民家庭的受教育程度基本情况 单位：%

年份	文盲或半文盲	小学程度人数	初中程度人数	高中程度人数	中专程度人数	大专程度人数
2014	1.99	31.02	50.87	15.16	0.95	0.00
2015	1.24	30.36	53.13	14.63	0.64	0.00
2016	1.06	31.67	54.46	11.88	0.89	0.04
2017	1.06	31.92	54.16	11.84	0.97	0.04
2018	1.50	32.17	49.63	15.09	1.42	0.19
2019	1.09	31.20	50.19	15.84	1.54	0.15
2020	1.09	30.86	50.67	15.77	1.46	0.15

资料来源：2021 年《广西统计年鉴》。

第三节 广西农村金融发展现状

一、农村经济发展总体情况

广西作为一个农业省份，农村发展一直是广西发展的重要组成部分。从图 4-1 的数据可以看出，广西农业经济一直保持良好的增长态势，总产值从 2011 年的 3323.37 亿元增加到 2020 年的 5913.28 亿元。十年间，农林牧渔总产值增长了 2589.91 亿元，增长将近 2 倍。从图 4-2 可知，广西农民人均可支配收入也在不断增长，从 2011 年人均可支配收入 5231 元，到 2020 年增长至 14815 元，人口可支配收入在十年间增加了 9584 元，增长将近 3 倍。近十年来，广西农业经济发展越来越好，农民生活水平也越来越高。

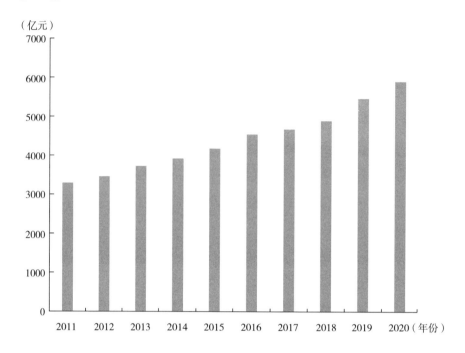

图 4-1 广西农林牧渔总产值情况

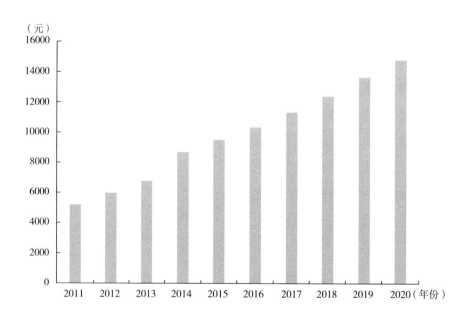

图 4-2 广西农民人均可支配收入

二、农村金融发展的体系结构

广西壮族自治区的金融体系经过多年的发展，农村金融体制不断改革，金融服务水平得到了很大的提升。随着农村信用社、农商行、村镇银行等金融服务机构的全面建成，广西形成了一整套较为完善的农村金融服务体系。广西农村金融体系中正规农村金融体系主要包括广西农村信用社、中国农业银行广西分行、邮政储蓄银行广西分行和农业发展银行广西分行，其中广西农村信用社为主要金融机构。广西壮族自治区农村信用社联合社（以下简称自治区联社）成立于2005年9月28日，是经中国银行业监督管理委员会批准成立、具有法人资格的正厅级地方性金融机构，隶属自治区人民政府管理，受自治区人民政府的委托，对全区农村商业银行、农村合作银行、农村信用联社（统称农村合作金融机构，简称农合机构）履行管理、指导、协调和服务职能。截至2021年12月末，自治区联社内设19个部室和8个片区派出机构，全区共有91家县级农合机构，其中农村商业银行55家、农村合作银行10家、农村信用联社26家，营业网点2331个，在岗员工2.5万多人。另外，广西非正规农村金融机构也得到了长足的发展，包括当铺、私人钱庄等。

三、农村金融发展的基础设施

本书中的农村金融基础设施主要指农村银行机构，以及各银行金融机构的营业网点占比情况。由表4-3可知，广西农村金融基础设施包括大型商业银行、国家开发银行和政策性银行、小型农村金融机构（以农村信用社为主）等，其中以小型农村金融机构（以农村信用社为主）为最核心构成要素，以邮政储蓄银行和新型农村金融机构为辅，2019年三者数量分别为2347个、973个、653个，占全区金融网点总量的59.26%，大型商业银行和小型农村金融机构的资产总额较高，分别为14164亿元和9103亿元。

表4-3 广西壮族自治区银行金融机构情况

机构类型	数量（个）	营业网点从业人数（人）	资产总额（亿元）	法人机构（个）
大型商业银行	1885	34549	14164	0
国家开发银行和政策性银行	66	1745	5224	0
股份制商业银行	186	4545	3638	0
城市商业银行	587	9591	6510	3
城市信用社	0	0	0	0
小型农村金融机构	2347	25090	9103	95
财务公司	2	62	233	1
信托公司	0	0	0	0
邮政储蓄	973	9973	2066	0
外资银行	4	78	63	0
新型农村金融机构	653	7956	1173	424
其他	1	49	40	1
合计	6704	95638	42213	524

四、农村金融发展的规模

2021年广西农村信用社发放涉农贷款余额4392亿元，农户贷款余额2640亿元，小微企业贷款余额3407亿元，普惠型小微企业贷款余额1427亿元；向全区44个乡村振兴重点帮扶县发放贷款余额2657亿元；累计发放脱贫人口小额信贷超45亿元，超额完成自治区2021年新增30亿元的目标任务。其中向12个民族自治县及8个边疆县域发放贷款余额超890亿元，增速均高于各项贷款增速。广西农村信用社资产总额突破1万亿元大关，存贷款总额突破1.6万亿元，资产总额、存款和贷款规模持续居全区同业第1位，分别居全国农信系统第15、第14、第11位；新达标组建农商行12家，占比由47%提升至60%，居19个未完成县级改制的省份第1名；广西农村信用社还为广西的绿色发展做出不小的贡献，绿色信贷余额68亿元，增幅15.63%，高于各项贷款增速8.62个百分点。同时，广西农村信用社积极支持中国—东盟命运共同体建设，累计支持"一带一路"企业、西部陆海新通道项目、"双百双新"项目、"四个一百"企业 318 个，授信 346.68 亿元。

第四节　广西农民财经素养现状

一、财经观念方面

　　财经观念可以很好地反映一个群体对待自己财产的理念，正确的理财观念十分重要，它可以帮助人们实现资产的增值。随着农村经济的发展，农民手中逐渐有了一定的可支配资产，他们如何规划使用这部分资产，是决定未来农民财经状况的关键，为此本书针对广西农民财经观念进行了初步的调查，当问及农民"您有没有考虑过根据市场的变化来调整农产品的生产和销售"时，在 631 位被调查农民中，有 106 位农民选择第一个选项即"考虑过，并付诸行动"，人数占比为16.80%；有 327 位被调查农民选择第二个选项即"考虑过，但没有付诸行动"，人数占比为 51.82%；有 198 位被调查农民选择第三个选项即"从来没考虑"，人数占比为 31.38%。具体内容如图 4-3 所示。可见共有 68.62% 的被调查农民选择第一选项和第二选项，即会考虑根据市场的变化来调整农产品的生产和销售，虽然其中只有 16.80% 的农民会付诸行动。

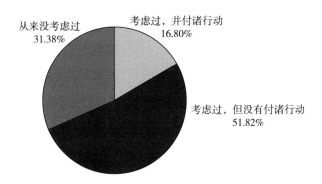

图 4-3　广西农民拥有财经观念的比例分布

在全面推进乡村振兴战略的时代背景下，虽然农村高素质劳动力转移情况有所好转，但仍旧存在农户综合素质普遍不高的现象，具体表现为：农户并未掌握先进的农业生产知识与技术，其对新事物的接受能力仍然较弱，也没有形成市场主体意识。而且部分地区由于网络建设不全面，农户消息闭塞，并不能实时掌握市场的变化，所以发展农业经济要高度重视营销，农民在开始种植的时候就要想清楚市场在哪里、卖给谁、用什么方式卖，政府要发挥引导和支持作用但不能包办代替合作社、农业企业和农户的营销工作，要根据市场需求选择适销对路的品种，合理安排种植、销售时间。

二、财经知识方面

众所周知，对人民币的识别是生活中经常碰到的财经知识。在本书涉及广西农民财经知识的调查中，当问及农民："您了解人民币真假的辨别吗"，在631位被调查农民中，有95位农民选择第一个选项即"非常了解"，人数占比为15.06%；有278位农民选择第二个选项即"部分了解"，人数占比为44.06%；有197位农民选择第三个选项即"一般了解"，人数占比为31.22%；有61位农民选择第四个选项即"不了解"，人数占比为9.66%。具体内容如图4-4所示。在对人民币识别的财经知识调查中，有高达90.34%的被调查农民掌握了对人民币识别的知识，虽然只是一般了解，但比例也远远高于不了解的农民人数。掌握辨别人民币真伪的方法，巩固对人民币辨别真伪的实用知识，普及金融防诈骗等方面的知识，避免由于专业知识缺乏成为被诈骗对象，可以让农民变得更加"精明"，增强了农民抵御诈骗的能力，不让骗徒有机可乘。

三、财经意识方面

当问及农民："您有没有思考过把多余的钱拿去炒股或是存银行"，在631位被调查农民中，有173位农民选择第一个选项即"考虑过，并付诸行动"，人数占比为27.42%；有259位农民选择第二个选项即"考虑过，但没有付诸行动"，人数占比为41.04%；有199位农民选择第三个选项即"从来没考虑过"，人数占

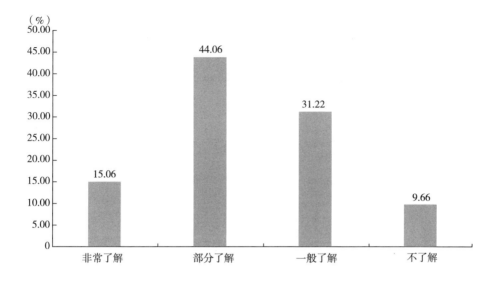

图 4-4　广西农民拥有财经知识的比例分布

比为 31.54%。具体内容如图 4-5 所示。因此，共有 68.46% 的农民会考虑把多余的钱拿去炒股或者存银行，并且有 27.42% 的农民已付诸行动。

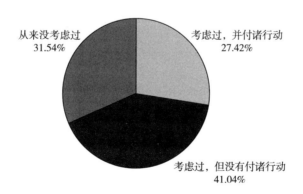

图 4-5　广西农民拥有财经意识的比例分布

当前随着农民收入的提高、可支配收入的增加，农民的购买力增强了，他们的消费水平、消费结构以及消费观念都发生了变化。此外，随着农村合作医疗保险的推行，作为我国农民自己创造的互助共济的医疗保障制度，在保障农民获得基本卫生服务、缓解农民因病致贫和因病返贫方面发挥了重要的作用。"花今天的钱，办后天的事"已成为人们的消费新观念，这种理财方式已经越来越受到农村老百姓的欢迎。买保险已不是城里人的专利，越来越多的农民在手里有了闲钱后，不再全部存进银行，而是拿出一部分来为自己或家人买份保险，让以后的日子多份保障。致富后买保险的农民很多，他们正逐渐成为县域保险消费的主角。广西农民已开始具备基本的财经意识，这为农民财经素养教育提供了良好的开端。

四、财经能力方面

农民在进行财经理财方面的操作时，往往需要掌握一些对电脑或手机的基本操作，这会影响到他们的财经能力，因此在调查中也对这方面的问题进行了设计。在涉及广西农民财经能力的调查中，当问及农民"您对手机、电脑等设备操作熟练吗"时，在631位被调查农民中，有153位农民选择第一个选项即"非常熟练"，人数占比为24.25%；有378位农民选择第二个选项即"会简单操作"，人数占比为59.90%；有100位农民选择第三个选项即"不会使用"，人数占比为15.85%。在手机、电脑的操作能力方面，高达84.15%的农民都会进行简单的手机、电脑操作，且有24.25%的农民能够熟练进行手机、电脑的操作。具体内容如图4-6所示。

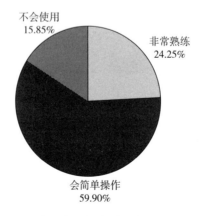

图4-6 广西农民拥有财经能力的比例分布

在乡村振兴战略的推进过程中，国家加大了对农户信息技术应用的培训，使手机成为广大农民的"新农具"，使互联网成为助力农村一二三产业融合发展的重要设施，并且成效显著。为了更大限度地发挥市场作用，越来越多的农民依托"互联网+"发展各种专业化社会服务，促进农业生产管理更加精准高效，使亿万小农户与瞬息万变的大市场更好对接，有助于推动农业提质增效、拓宽农民新型就业和增收渠道，农民的信息技术能力得到了很大的提升。

第五节　本章小结

本章从广西壮族自治区概况、广西农村人力资源状况、广西农村金融发展现状、广西农民财经素养现状等方面对广西农民财经素养的情况进行概述。关于广西壮族自治区概况方面，本章分别从自然地理现状和社会经济现状展开分析。从自然地理现状来看，广西壮族自治区地处祖国南疆，东连广东省，南临北部湾并与海南省隔海相望，西与云南省毗邻，东北接湖南省，西北靠贵州省，西南与越南社会主义共和国接壤。从社会经济现状来看，2021 年是党和国家历史上具有里程碑意义的一年，是广西改革发展进程中极其重要的一年，实现了"十四五"良好开局。关于广西农村人力资源状况方面，本章分别讨论了农民家庭的劳动力情况和农民家庭的受教育程度两个方面内容。农民家庭的劳动力情况：截至 2020 年，广西总人口为 5718 万人，其中乡村人口为 2298 万人，乡村人口占全区人口的比例为 45.80%，如此庞大的农村人口数量，对于广西的农村人力资源开发以及区域经济发展来说是巨大的困难和挑战。农民家庭的受教育程度情况：广西农民家庭的受教育程度大多集中在初中文化程度，占比达到 50% 以上；其次是小学文化程度，占比达到 30% 以上；再次是高中文化程度，占比达到 15% 左右；最后是文盲或半文盲，占比为 1% 左右，中专水平占比也在 1% 左右，大专文化水平人数较少，占比在 0.1% 左右。

关于广西农村金融发展现状方面，本章分别讨论了农村经济发展总体情况、农村金融发展的体系结构、农村金融发展的基础设施和农村金融发展的规模等内容。农村经济发展总体情况：从广西农林牧渔产值近十年的数据可以看出，广西农业经济一直保持良好的增长态势，从 2011 年的 3323.37 亿元到 2020 年的5913.28 亿元。从农村金融发展的体系结构来看，广西农村金融体系中正规农村金融体系主要包括广西农村信用社、中国农业银行广西分行、邮政储蓄银行广西分行和农业发展银行广西分行，其中广西农村信用社为主要金融机构。农村金融发展的基础设施包括大型商业银行、国家开发银行和政策性银行、小型农村金融机构（以农村信用社为主）等，其中以小型农村金融机构（以农村信用社为主）为最核心构成要素，另外以邮政储蓄银行和新型农村金融机构为辅。从农村金融发展的规模来看，2021 年广西农村信用社发放涉农贷款余额 4392 亿元，农户贷款余额 2640 亿元，小微企业贷款余额 3407 亿元，普惠型小微企业贷款余额 1427亿元；向全区 44 个乡村振兴重点帮扶县发放贷款余额 2657 亿元；累计发放脱贫人口小额信贷超 45 亿元，超额完成自治区 2021 年新增 30 亿元的目标任务。

关于广西农村金融发展现状方面，本章分别讨论了农民的财经观念、财经知识、财经意识和财经能力等内容。在财经观念方面，共有 68.62% 的农民选择第一选项和第二选项，即会考虑根据市场的变化来调整农产品的生产和销售，虽然其中只有 16.80% 的农民会付诸行动。在财经知识方面，在对人民币识别的财经知识中，高达 90.34% 的农民掌握了对人民币识别的知识，虽然只是一般了解，但比例也远远高于不了解的农民人数。在财经意识方面，共有 68.46% 的农民会考虑把多余的钱拿去炒股或者存银行，并且有 27.42% 的农民已付诸行动。在财经能力方面，高达 84.15% 的农民都会进行简单的手机、电脑操作，且有 24.25%的农民能够熟练进行手机、电脑的操作。

第五章　广西农民财经素养教育
供给分析

第一节　农民对财经素养教育的认知

任何一项政策的实施和推广都与政策的参与者息息相关，必须使参与主体了解并理解这项政策的内容，才能有效地保证该政策的顺利执行，财经素养教育的实施也不例外。为避免在问卷中直接询问给调查者造成暗示提醒，从而影响对财经素养教育情况的真实了解，本次调查中将实用技术培训、职业技能培训、就业引导培训、经营管理培训、金融理财培训、学历教育、综合培训放在一起询问农户对这些农民教育培训的了解情况。据统计，农户对以上农民培训教育的了解情况如下：知道实用技术培训的农户有 351 户，占到 55.63%；知道职业技能培训的农户有 271 户，占到 42.95%；知道就业引导培训的农户有 234 户，占到 37.08%；知道学历教育的农户有 184 户，占到 29.16%；知道经营管理培训的农户有 128 户，占到 20.29%；知道金融理财培训的农户有 99 户，占到 15.69%；知道综合培训的农户有 91 户，占到 14.42%。因此，农民对以上农民培训教育的知晓度从高到低依次为：实用技术培训>职业技能培训>就业引导培训>学历教育>经营管理培训>金融理财培训>综合培训（如图 5-1 所示）。

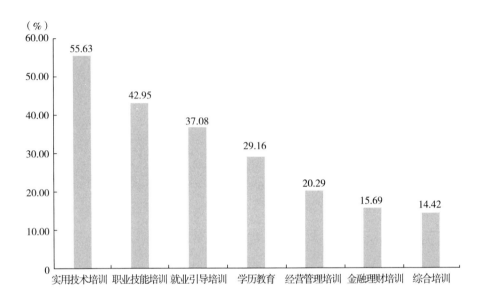

图5-1 广西农民对培训教育的了解情况

从调研中可以看出，农户对金融理财培训的了解程度排在第六位。农户作为一个独立的决策者，其行为总是在经济理性原则的基础上进行的，所以他们更多考虑的是经济目标，即追求经济利益的最大化。与农户自身利益紧密相关的补助政策，如实用技术培训、职业技能培训、就业引导培训等农民教育培训获得了更多的知晓度，这都在情理之中。但同样是关于经济管理的政策，经营管理培训却比金融理财培训获得了更多的关注，在七项政策中排名第五，这与培训的宣传力度是密不可分的。同样可知，生活在市场经济条件下的农户，由于周边经济环境的变化，对于经济管理方面的培训教育还是比较关注的。从总体上来说，样本区财经素养教育的宣传还有待加强，另外受农户自身文化素质和理解力的限制，给予自身利益极大的关注，对经济利益的关注先于财富的经营管理，这也影响了农户对财经素养教育的认知。

第二节 农民财经素养教育的宣传情况

一、宣传的覆盖面

行政村虽然不属于我国正式的行政管理机构，但却是基层管理组织不可缺少的部分。在农村，现在仍然保留着行政村、生产大队的管理形式，村委会则是处理农村各种大小事宜的组织。要想使农民财经素养教育真正进入广西壮族自治区每个农户家中，行政村是其中不可或缺的环节。通过了解农民财经素养教育在农户所在村的覆盖情况，可以判断该区域农民财经素养教育的宣传状况，并进一步分析农民财经素养教育的覆盖与农户参与财经素养教育的关系，从而为广西壮族自治区开展农民财经素养教育提供更为充分的参考。

为了了解农民财经素养教育在农村的宣传情况，本书在问卷设计中从宣传覆盖面的角度进行了提问。在涉及广西农民财经素养教育宣传覆盖面的调查中，当问及农民"您所在镇或村是否开展过金融理财的相关宣传教育活动"，在631位农民中，仅有34位农民选择第一个选项即"有，比较多"，人数占比为5.39%；有354位农民选择第二个选项即"有，比较少"，人数占比为56.10%；有243位农民选择第三个选项即"没有"，人数占比为38.51%。具体内容如图5-2所示。可见，在广西壮族自治区下属行政村，农民财经素养教育宣传的覆盖率达到61.49%，覆盖面能占到六成以上，可以看出广西农民财经素养教育在农村的宣传工作才基本达到及格水平，农民财经素养教育的推广工作还需继续加强。

二、宣传的方式

习近平总书记在全国宣传思想工作会议上发表的重要讲话中提到，对于基层组织建设而言，重点在于农村基层组织建设，因此，凝聚民心，一定要以抓好农

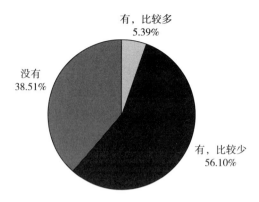

图 5-2　广西农民财经教育的宣传覆盖情况

村宣传工作为突破口。农村宣传工作主要面对广大农民群众，但农民群众的年龄结构、文化知识、综合素质、经济收入、党性差异等因素都制约着农村宣传工作的传播率和吸收率，这就需要从阵地建设、整合资源、形式多样等多方面给予保障和支持，才能夯实农村宣传思想战线，才能让党的创新理论"飞入寻常百姓家"。

为了更好地做好农村财经素养教育宣传工作，本书对农村的相关宣传方式进行了调研。在涉及广西农民财经素养教育宣传方式的调查中，当问及农民"您所在镇或村进行金融理财宣传的方法有哪些"，在 631 位农民中，有 241 位农民选择第一个选项即"拉横幅"，人数占比为 38.19%；有 222 位农民选择第二个选项即"发宣传单"，人数占比为 35.18%；有 257 位农民选择第三个选项即"墙体宣传"，人数占比为 40.73%；有 153 位农民选择第四个选项即"播放广播"，人数占比为 24.25%；有 235 位农民选择第五个选项即"手机网络"，人数占比为 37.24%；有 40 位农民选择第六个选项即"其他方式"，人数占比为 6.34%。因此，宣传方式的认知度从高到低依次为：墙体宣传>拉横幅>手机网络>发宣传单>播放广播>其他方式。具体内容如图 5-3 所示。

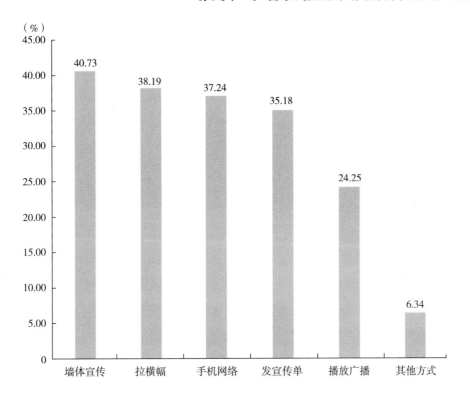

图5-3 广西农民财经素养教育的宣传方式

三、宣传的满意度

农业强不强、农村美不美、农民富不富，决定着乡村振兴的质量和成色。实施乡村振兴战略，是党的十九大作出的重大决策部署，是决胜全面建成小康社会、全面建设社会主义现代化国家的重大历史任务，是新时代做好"三农"工作的总抓手。实施乡村振兴战略，必须结合当地的实际情况，着力构建长效机制，提升群众的满意度。因此，开展农民财经素养教育也要在行动上下功夫，基层党组织和广大党员要以农民利益为重，眼睛往下看，工作朝下做，少做虚事，多干实事，尊重农民意愿，及时回应农民关切。只有最大限度地动员农民、组织农民，凝聚智慧和力量，才能形成推动乡村振兴的强大合力，这样才能够把农民培训的宣传工作做得更好。

　　为了更好地了解农村财经素养教育宣传工作的成效，本书对宣传的满意度进行了调研。在涉及广西农民财经素养教育宣传满意度的调查中，当问及农民"您对现有的金融理财宣传满意吗"，在631位农民中，仅有40位农民选择第一个选项即"非常满意"，人数占比为6.34%；有356位农民选择第二个选项即"比较满意"，人数占比为56.42%；有235位农民选择第三个选项即"不满意"，人数占比为37.24%。具体内容如图5-4所示。可以看出，接近四成的农民对财经素养教育的宣传工作表示不满意，这说明广西农民财经素养教育的宣传工作还有需要改进的地方，以后还有很长的一段路要走。

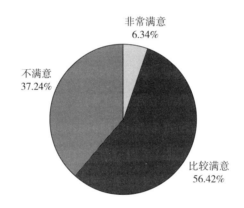

图5-4　广西农民财经素养教育宣传的满意度

第三节　农民与财经素养教育的接触情况

一、接触次数

　　一般来说，财经素养教育接触的次数越多，人们的财经素养也越高，如今金融与普通民众的关联日益紧密，但在我国西部农村的一些贫困地区，仍有为数众多的农民与金融服务相距较远。远的不说，单是城市街道最为寻常的银行网点，在农村都很少。在金融与科技飞速发展的时代，如果农民没有接受正规银行业金融机构的服务，那他们要想在市场经济条件下很好地生存与发展、实现脱贫与致富，将会是很难的。为此中国银监会出台调整放宽农村地区银行业金融机构准入政策，允许设立村镇银行、贷款子公司、农村资金互助社三类新型农村金融机构，并在全国确定了6个试点省份进行试点，在这些试点省份里，广大的农民获得了正规的金融服务，对于他们抵御金融风险、实现财富增值起到了很好的促进作用。虽然广西壮族自治区不在中国银监会确定的6个试点省份里面，但是近年来广西的金融机构认真贯彻落实党的十九大关于乡村振兴战略的相关文件，促使整个农村金融工作围绕乡村振兴、精准扶贫等关键领域，不断优化金融服务水平，提升整个信贷投放与农村经济发展的契合度，极大地增强了区内农村金融机构对农村经济发展的作用。同时，广西积极推进"双百亿"计划，大力推行小微企业的"百千万"信贷工程，不断做好小微企业金融帮扶工作。此外，广西还从供给端和需求端加强政银企对接，推广线上对接互动服务平台，强化金融精准支持，使农民与财经素养教育有了更多的接触机会。

为了更好地了解广西农民对财经素养教育的接触情况，本书针对区内部分地区的农民对财经素养教育的接触次数进行了调研。在涉及广西农民财经素养教育接触次数的调查中，当问及农民"您是否接触过投资理财方面的知识"，在631位农民中，仅有48位农民选择第一个选项即"接触过，比较频繁"，人数占比为7.61%；有375位农民选择第二个选项即"接触过，但比较少"，人数占比为59.43%；有208位农民选择第三个选项即"没有接触过"，人数占比为32.96%。具体内容如图5-5所示。从图中可以看出，接近七成（67.04%）的农民接触过财经素养方面的知识，可见广西农民对财经素养教育的接触机会还是很多的，虽然频率不高。但需要重点关注的应该是剩下的（32.96%）没有接触过金融知识的农民，他们在金融理财方面的知识是十分匮乏的，这就增加了农民上当受骗进而遭受不同程度损失的风险。当然，这也和当前我国农村的金融环境相关。农村地区金融业务主要以存贷和一般结算等传统业务为主，除部分保险品种外，农村一直在金融理财方面处于边缘化状态，农民很少接触到股票、基金等理财产品，即使"耳熟能详"的国库券在销售上也基本与农村无缘，这说明当前农民的金融服务需求逐步多元化，而金融机构有针对性的服务没有到位。

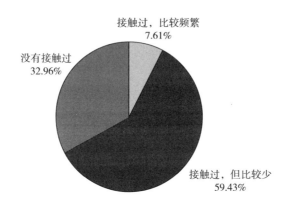

图 5-5　广西农民接触财经素养教育的次数

二、接触地点

由于农村地理位置较偏、农民文化水平相对较低、信息不对称等原因，农村防范金融诈骗形势较城市更加复杂。如何才能使更多的农民接受财经素养教育，并且更容易地接触到财经理财教育，提高其抵御金融风险的能力，这是一件值得思考的事情。为了更好地了解农民与财经素养教育的接触地点，本书开展了农民对财经素养教育接触地点情况的调研。在涉及广西农民财经素养教育接触地点的调查中，当问及农民"您接触投资理财方面的知识是在什么地点"，在 631 位农民中，有 165 位农民选择第一个选项即"本村"，人数占比为 26.15%；有 202 位农民选择第二个选项即"镇里"，人数占比为 32.01%；有 182 位农民选择第三个选项即"市里"，人数占比为 28.84%；有 82 位农民选择第四个选项即"其他地点"，人数占比为 13.00%。具体内容如图 5-6 所示。

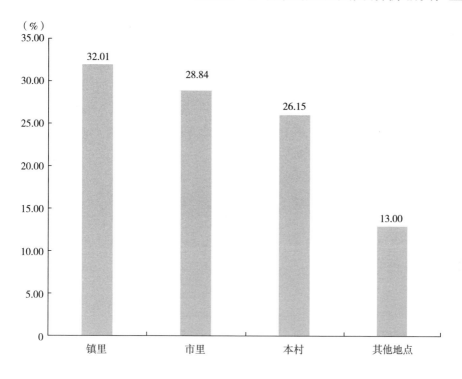

（%）

图5-6　广西农民财经素养教育的接触地点

可以看出，大部分农民接触财经知识都是在镇里，其次在市里，再次在本村，最后是其他地点。因此，开展农民财经素养教育还是需要把工作重心下移，毕竟农民接触财经知识的地点主要是在建制镇或行政村，在这两个地点接触财经素养教育的比例达到58.16%，因此不管是宣传工作还是培训教育工作都需要把重点区域放在基层。这里需要说明，在其他地点中，本书课题组在调研中也进一步进行了询问，农民这里所指的其他场所主要是网络渠道。因此，网络金融也逐渐走入了农民家庭，网络金融理财也正改变着农民的生活。正是因为农民接触网络金融的机会越来越多，许多机构也逐渐开始重视农民的网络金融，例如京东金融曾发布过农村金融战略，紧扣以"农产品进城""工业品下乡"为核心的农村经济闭环，设计和打造具有京东特色的农村金融模式。一方面，在农业生产环节，覆盖农户从农资采购到农产品种植，再到加工、销售的全产业链金融需求；

另一方面，聚焦农村消费生活环节，完整地向农民提供信贷、支付、理财、众筹、保险等全产品链金融服务。京东金融以产业链农村金融、产品链农村金融为特色，通过金融服务加速建设和优化农村经济生态，焕发农村金融活力，助力农村经济发展，提高农民生活水平。这是扩大经营农村金融网点业务的积极探索。因此只有在接触地点上多下功夫，让农民更容易接触到金融理财教育，才能提高农民的财经素养水平。

第四节　农民财经素养教育的信息途径

一、信息获取的难易程度

随着科学技术的发展，农业农村信息化从无到有、由弱到强，成为推动农业农村发展的重要动力。当前城乡之间仍存在着巨大的数字鸿沟，农民获取信息的成本相对较高。农民是乡村振兴的主体，是农业信息供给的主要对象，要使农业信息获得最大的利用，就必须将农业信息高效地传递到农民中去，信息对农民的重要性正逐渐在农民与市场的密切联系、对传统农业的现代化改造以及增收致富等许多农村社会经济阀门中凸显出来。同时随着现代化的发展，农民的信息需求内容也在发生着变化，他们需要掌握包括生活、生产、市场等在内的多方面的信息。但是整个农村的经济文化发展水平不高，还缺乏信息化的大环境，导致我国农村总体上农业生产仍处于分散的个体经营状态，缺乏有效的组织，因而农民在生产过程中利用信息的意识较差。尤其是现在，网络信息成为信息源的重要组成部分，而广大农民虽然能上网，但是对于网络信息的利用程度还是远远不够的。农民能否顺利获取财经素养教育方面的信息，直接影响其参加财经素养教育的行为，为了更好地了解农民财经素养教育信息获取的难易程度，本书课题组对农民财经素养教育的信息获取进行了调研。在涉及农民财经素养教育的信息获取的调查中，当问及农民"您获得培训信息容易吗"，在631位农民中，有30位农民选择第一个选项即"非常容易"，人数占比为4.75%；有162位农民选择第二个选项即"比较容易"，人数占比为25.67%；有319位农民选择第三个选项即"一般容易"，人数占比为50.56%；有120位农民选择第四个选项即"很难"，人数占比为19.02%。具体内容如图5-7所示。从图中可知，大部分的农民还是能够较为容易地获取财经素养教育信息的，这部分农民占到总人数的81%。另外，还有接近两成的农民认为获取财经素养教育信息很难，那就会造成他们本身有参与财经素养教育的意愿，却苦于没有这样的机会，这是在今后的工作中需要注意的问题。

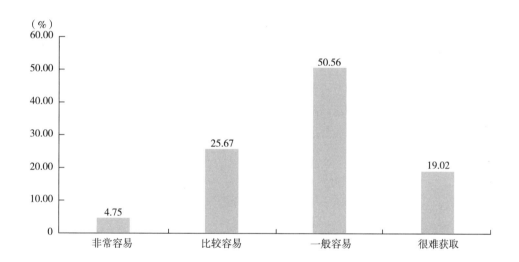

图5-7 广西农民获取财经素养教育信息的难易程度

二、信息获取的渠道

广西是农业大省，具有得天独厚的地理优势和先天的自然条件，农业资源更是品种繁多，质量优良。但广西却不是农业强省，长期以来，广西的农民还采用传统的耕作方式，信息化水平较低，农民的财经素养水平总体偏低。在信息化时代的今天，信息落后就意味着经济的落后，因此，要想彻底提高农民的财经素养水平就要从信息获取困难入手，只有解决了广西农民信息获取难的问题才能从真正意义上帮助农民提高其财经素养水平。为了更好地了解广西农民财经素养教育信息获取渠道的现状，本书课题组对农民财经素养教育的信息渠道进行了调研。调查结果表明（见图5-8），当前农民获取信息的渠道主要有五种：村委会人员通知、朋友邻里之间、自己网上查阅、电视或广播、其他渠道。当问及农民"您通常是通过什么渠道得知培训消息的（可多选）"，在631位农民中，有269位农民选择第一个选项即"村委会人员通知"，人数占比为42.63%；有284位农民选择第二个选项即"朋友邻里之间"，人数占比为45.01%；有294位农民选择第三个选项即"自己网上查阅"，人数占比为46.59%；有239位农民选择第四个选项即"电视或广播"，人数占比为37.88%；还有42位农民选择第四个选项即"其他渠道"，人数占比为6.66%。可以看出，广西农民获取财经素养教育信息的主要渠道依次是：自己网上查阅、朋友邻里之间、村委会人员通知、电视或广播、其他渠道。这说明网上渠道已成为当今信息化时代农民获取信息的主要渠道，在农民财经素养教育的信息发布和宣传方面发挥着重要的作用。另外，朋友邻里之间、村委会人员通知以及电视或广播也是农户获取财经素养教育信息的重要来源。

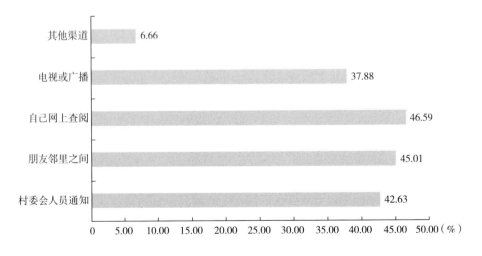

图 5-8　广西农民财经素养教育信息获取渠道

第五节　财经素养教育中农民的实际参与度

当前我国农村居民金融素养水平整体偏低，金融知识匮乏，金融技能单一。近年来，随着普惠金融发展不断提速，以普惠金融为载体、以金融教育提升农民金融素养为手段，推动金融扶贫精准实施已成为我国农村经济发展的重要措施。中国人民银行、中国银保监会、中国证监会、国家网信办共同启动的"金融知识普及月、金融知识进万家、争做理性投资者、争做金融好网民"活动，旨在推动金融知识普及工作有效覆盖到各类金融消费者，尤其关注重点人群（农民、务工人员、青少年、老年人和残疾人），不断提升金融消费者的金融素养，不断增强金融消费者的风险防范意识、责任意识和诚信意识。因此，本书专门针对广西农户参与财经素养教育的实现情况进行了调查。当问及"您此前参加过几次金融理财教育培训"时，在 631 位农民中，有 385 位农民选择第一个选项即"0 次"，人数占比为 61.01%；有 209 位农民选择第二个选项即"1~3 次"，人数占比为 33.12%；有 37 位农民选择第三个选项即"4 次以上"，人数占比为 5.87%。具体内容如图 5-9 所示。仅有四成的农民真正参与了农村财经素养教育，还有六成的农民从未参与过农村财经素养教育，总体形势还是比较严峻的。这表明在农民财经素养教育推广的过程中，宣传的力度还不够，实际的培训机会还不多，还需进一步提高农民财经素养教育在农民当中的知晓面，使农民的财经素养也能在教育中得到进一步的提升。

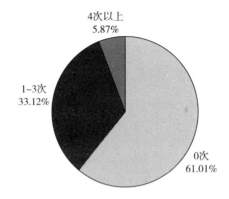

4次以上
5.87%

1~3次
33.12%

0次
61.01%

图5-9　广西财经素养教育中农民的参与度

第六节　广西农民财经素养教育供给的特点

一、农民财经素养教育的知晓度偏低

由于农村人口文化水平相对低，可接受的金融服务类别较少，对金融知识、技能的掌握程度有限，《消费者金融素养调查分析报告（2017）》指出，农村地区消费者金融知识测试正确率仅为50%。在当下金融创新和金融科技的冲击下，农村非法集资和金融诈骗问题、针对农村生源学生的"校园贷"问题日显突出。在对农民教育培训认知度的调查中，课题组发现广西农民对金融理财培训的知晓度排在倒数第二名，仅在综合培训的前面。而实用技术培训、职业技能培训、就业引导培训、经营管理培训、学历教育五项培训依次排在金融理财培训的前面，这说明农民财经素养教育培训在广西农民中的认知度还比较偏低，尽管有的农民已经开始认识到财经素养的重要性，但对财经素养教育的了解仍然不多。因此，当前农民对金融产品的熟悉度低，金融知识相对匮乏，这都对广西农民财经素养培训提出了新的要求，这也要求以后的农民培训需要增加针对农村地区的金融产品的介绍，同时也要教授给农民一定的金融知识，这样才有利于农民的全面发展。

二、农民财经素养教育的宣传形式多样

从本次调查的数据来看，在广西壮族自治区下属行政村范围内，农民财经素养教育宣传的覆盖率达到 61.81%，覆盖面能占到六成以上，可以认为大部分的农民还是接收到了政府及相关组织对财经素养教育的宣传信息，尽管还未达到全面覆盖。调研发现，在农村地区的农民财经素养教育宣传形式也是多种多样的，主要包括墙体宣传、拉横幅、手机网络、发宣传当、播放广播等形式，其中墙体宣传认知度最高，拉横幅、手机网络次之，再次是发宣传单、播放广播，最后是其他方式。在这里值得一提的是，不管是在城市还是农村，手机网络在当今信息时代发挥了越来越重要的作用，而且它的宣传作用在将来还会进一步凸显，所以在以后的宣传工作中，应该格外重视手机网络的宣传。在宣传的满意度方面，虽然有超过六成的被调查农民表示满意，但还有接近四成的农民对财经素养教育的宣传工作表示不满意。在这里满意度问题和覆盖面问题不同，覆盖面只需要对未覆盖区域加大宣传力度就算完成了，但是满意度一旦形成就很难改变，不仅需要在未覆盖区域提高农民满意度，还需要改善已推广地区的满意度，工作难度会更难一些。

三、农民财经素养教育的区域供给不均衡

2016 年，《用户防骗意识及行为调查报告》中显示，在接受调查的乡镇农村人群中，有近 34.18% 的人员遭受过诈骗损失，从侧面反映出当前我国农村金融诈骗形势的严峻，农村人口金融意识严重匮乏。同时农民财经素养教育供给在区域上呈现出不平衡的态势。一般呈现以下分布特征：在城市郊区相对集中，而在偏远的农村或者山区则明显不足。本次调查按家庭位置的不同对接受过财经素养教育的农民进行调查，包括城市郊区、平原和山区三个选项。调查显示，在接受

过农村财经素养教育培训的农民中，家庭位置在城市郊区的占 47.70%，在平原的占 35.66%，在山区的占 16.64%。具体内容如图 5-10 所示。可见，广西农民财经教育供给呈现出城市郊区和平原供给相对充足，而山区供给明显匮乏的不均衡特征。

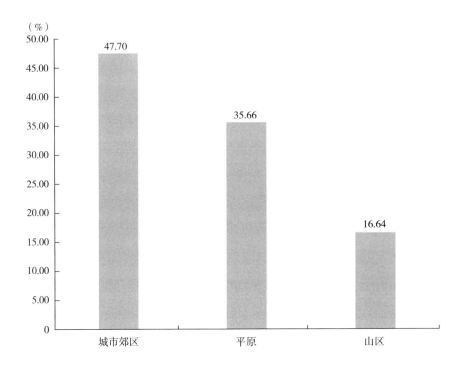

图 5-10　广西农民财经素养教育供给的区域性

四、农民财经素养教育的信息供给渠道基本畅通

信息传播对农业与农村发展的重要作用不容置疑，各种各样的信息为农村发展做出了直接的贡献。我国农村地区的信息服务有效供给不足，农民往往难以获取满意的媒介服务内容。特别是近年来出现在的一些地区的农产品滞销问题，归根结底还是信息流通不畅。农民财经素养教育也是如此，即使农民拥有了财经素养的观念和意识，但是他们没有获得财经素养教育的渠道，没有这方面的信息，

他们也只能白白失去提高自身财经知识和能力的机会。本次调查中有 81.62% 的被调查农民认为获取财经素养教育信息是一般容易及以上，有 18.38% 的农民认为获取财经素养教育信息很难。本书课题组认为，农民财经素养教育的信息供给问题，主要是由于供给渠道不畅通导致农民财经素养教育信息不对称造成的，所以，畅通供给渠道是关键；而建立多样化的农民财经素养教育信息渠道，加上当地政府切实有效的扶持帮助，才是解决信息供给问题的有效处方。所以，建立多样化的农民财经素养教育信息渠道，是解决农民财经素养教育信息不畅的关键所在。

五、农民财经素养教育的区域供给总量不足

本次调查发现，仅有四成的农民真正接受了简单的财经素养教育，还有六成的农民从未接触过农村财经素养教育，总体形势还是比较严峻的。在农民财经素养教育的接触情况中，有 32.48% 的被调查农民没有接触过金融知识，他们在金融理财方面的知识匮乏，他们上当受骗并遭受损失的风险很大。随着社会经济的发展，农民手上有了闲钱，却缺乏正规的投资理财渠道，银行的服务下沉不够，使不法机构有了可乘之机，所以当前农村金融形势不容乐观。2017 年中央一号文件首次提出要严厉打击农村非法集资和金融诈骗，积极推动农村金融立法。文件中明确要求"加快农村金融创新"，确保"'三农'贷款投放持续增长"，对于互联网金融行业从以鼓励为主到以防范风险为主，特别强调了促进互联网金融、移动金融在农村规范发展，鼓励传统金融机构更多地提供相关农村金融创新服务，满足农民的金融服务需求。

第七节 本章小结

本章从农民对财经素养教育的认知、农民财经素养教育的宣传情况、农民与财经素养教育的接触情况、农民财经素养教育的信息途径、财经素养教育中农民的实际参与度及广西农民财经素养教育供给的特点等方面对广西农民财经素养教育的供给状况进行了分析。

在农民对财经素养教育的认知方面，农户对农民培训教育的知晓度从高到低依次为：实用技术培训>职业技能培训>就业引导培训>学历教育>经营管理培训>金融理财培训>综合培训。在农民财经素养教育的宣传方面，本章分别讨论了宣传的覆盖面、宣传的方式和宣传的满意度等内容对农民参与财经素养培训的影响。宣传的覆盖面方面，在广西壮族自治区下属行政村范围内，农民财经素养教育宣传的覆盖率达到61.49%，可见广西农民财经素养教育在农村的宣传工作才基本达到及格水平，农民财经素养教育的推广工作还要继续努力推进才行。在宣传的方式中，农民的认知度从高到低依次为：墙体宣传>拉横幅>手机网络>发宣传单>播放广播>其他方式。在宣传的满意度方面，接近四成的农民对财经素养教育的宣传工作表示不满意，这说明农民财经素养的宣传工作还有许多需要进一步改进的地方，以后还有很长的一段路要走。

在农民与财经素养教育的接触方面，本章分别讨论了农民与财经素养教育的接触次数和接触地点两个方面的内容。调查发现，接近七成（67.04%）的被调查广西农民接触过财经素养方面的知识，这说明广西农民对财经素养教育的接触机会还是很多的，虽然频率不高。但需要重点关注的应该是剩下的（32.96%）没有接触过金融知识的农民，他们在金融理财方面的知识匮乏，这就增加了农民上当受骗而遭受不同程度损失的风险。在农民与财经素养教育的接触地点方面，大部分农民接触财经知识都是在镇里，其次在市里，再次在本村，最后是其他地点。在农民财经素养教育的信息途径方面，本章分别讨论了信息获取的难易程度和信息获取的渠道两个方面的内容。在信息获取的难易程度方面，大部分的农民想获取财经素养教育信息还是可能的，一般都能够实现。另外还有接近两成的农民认为获取财经素养教育信息很难，这就会造成他们本身有参与财经素养教育的意愿，却苦于没有这样的机会，这是在今后的工作中需要注意的问题。调研发现，在广西壮族自治区农民获取财经素养教育信息的主要渠道依次是：自己网上查阅、朋友邻里之间、村委会人员通知、电视或广播、其他渠道等，说明网上渠道已成为当今信息化时代农民获取信息的主要渠道之一，网上信息获取渠道在农民财经素养教育的信息发布和宣传方面发挥着重要的作用。另外，朋友邻里之间、村委会人员通知以及电视或广播也是农户获取财经素养教育信息的重要来源。在财经素养教育中农民的实际参与度方面，仅有四成的农民真正参与了农村财经素养教育，还有六成的农民从未参与过农村财经素养教育，总体形势还是比较严峻的。

　　总的来看，广西农民财经素养教育供给的特点包括五个方面：农民财经素养教育的知晓度偏低；农民财经素养教育的宣传形式多样；农民财经素养教育的区域供给不均衡；农民财经素养教育的信息供给渠道基本畅通；农民财经素养教育的区域供给总量不足。

第六章　广西农民财经素养教育需求分析

第一节　农民接受教育培训的基础条件

一、农民的学习意愿

　　每年秋收之后，农民就进入了农闲时间，晒晒太阳、唠唠家常、看看电视是冬季农民生活的真实写照。忙碌了一年的农民利用冬季农闲休息一下可以更好地调整身心，这是很有必要的。这就为开展农民财经素养教育奠定了良好的学习基础。因此，本书专门针对广西农户对农闲时间的利用情况进行了调查。当问及"您在农闲时间会自己学习吗"，在631位农民中，有93位农民选择第一个选项即"经常会"，人数占比为14.74%；有321位农民选择第二个选项即"偶尔会"，人数占比为50.87%；有217位农民选择第三个选项即"不会学习"，人数占比为34.39%。具体内容如图6-1所示。总的来看，有六成以上的农民还是愿意利用农闲时间来进行学习的，具有了一定的学习意愿，这就为开展农民财经素养教育提供了一定的基础条件。接下来就需要对农民进行积极的引导，比如许多村庄都建立了"农家书屋"，里面配有大量的科技图书和多种报刊，农民朋友们可充分利用好这一资源，从书本中汲取知识，提高致富本领。同时，相关部门也应发挥自身职能作用，为农民"充电"铺路架桥，不但要在办讲座、发资料上下功夫，还应注重"充电"方式与内容上的与时俱进，要逐步学会利用多媒体、网络、视频等现代化资源来提高"充电"内容的科技含量与价值，紧紧围绕现代农业、特色农业、高效农业，让农民的眼界更加开阔、知识更加专业、技能更加先进，应对来年乃至以后在生产生活中遇到的财经问题。

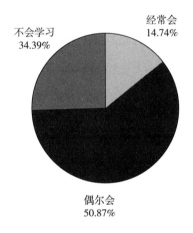

图 6-1　广西农民在农闲时的学习意愿

二、农民面临的困难

小农经济的改造升级是一个历史性难题，联产承包责任制曾经解放了生产力，解决了人们吃得饱的问题。但随着信息技术革命的兴起，小农生产方式似乎又成为落后生产力的代表，如果农户不积极收集信息，仍然采用传统的生产和销售方式，他们很难将自己生产出的农产品以较好的售价卖出，为了更好地带动农民致富，全面实现乡村振兴，就必须加速对小农经济进行升级改造，首先必须加快培养现代职业农民，培养一批有文化、善经营、懂管理的现代农业带头人。因此农民教育就应该直面农民在生产生活中遇到的困难，而不是回避，农民财经素养教育亦是如此。本书专门针对广西农民在农业中面临的困难进行了调查，设置了问题"您从事农业最大的困难是什么"（可多选）。调研发现，在631位农民中，有326位农民选择第一个选项即"缺乏农业技术指导"，人数占比为51.66%；有364位农民选择第二个选项即"对市场信息不了解"，人数占比为57.69%；有177位农民选择第三个选项即"缺乏农业信贷服务"，人数占比为28.05%；有222位农民选择第四个选项即"农业基础环境太差"，人数占比为35.18%。具体内容如图6-2所示。以上的调查结果与当前研究中提出的小农生产面临的困难相吻合，同时也证实了本次调查的真实性。本次调研揭示出广西农户在农业生产中存在的问题主要包括：第一，农业基础设施薄弱，农民产业化水平低，农民增收仍然困难；第二，农民组织化程度不高，农业劳动力质量较低；第三，金融资金对农业发展的扶持力度依然较弱；第四，农业生产的不确定因素较多。

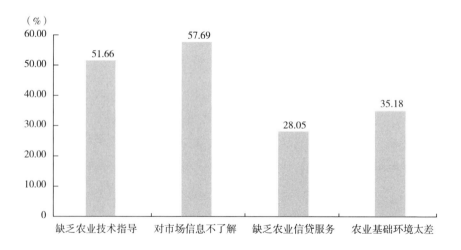

图6-2　广西农民在生产中面临的困难

第二节　农民财经素养教育的培训目的

一、农民对金融诈骗的认知

近几年，随着互联网金融的快速发展以及农村地区金融需求的大幅提升，互联网金融"下乡"一度被人们津津乐道。然而，互联网金融在高速成长过程中，难以避免"成长的烦恼"，各种问题不断暴露，尤其是以P2P为代表的网络借贷领域，更是成为风险潜藏地和高发区。即便在金融业发达的一二线城市，"跑路"、非法集资等乱象不时见诸报端，更有以P2P为名行集资诈骗之实的"伪金融"广泛存在。互联网金融这一新生事物"下乡"，本应是落实普惠金融精神、弥补农村金融短板的大好事，但现实却是泥沙俱下，出现了一些非法集资与金融诈骗行为。2017年中央一号文件发布，在强调加快农村金融创新、支持农业供给侧结构性改革的同时，更是首次提出"严厉打击农村非法集资和金融诈骗"。这一提法正是针对当前农村非法集资泛滥、金融诈骗不断的现象作出的部署。这要求各方在大力推动农村金融创新过程中，要高度警惕、严厉打击非法集资和金融诈骗行为。为了避免农民上当受骗，农民需要具备一定的财经素养，知晓一定的财经风险，抑制农村金融诈骗问题的蔓延。因此，本书专门针对广西农民对金融诈骗的认知情况进行了调查。当问及"您是否听说过金融诈骗"，在631位农民中，有140位农民选择第一个选项即"听说过，并深入了解其内涵"，人数占比为22.19%；有326位农民选择第二个选项即"听说过，但不知道具体指什么"，人数占比为51.66%；有114位农民选择第三个选项即"偶尔听说过"，人数占比为18.07%；有51位农民选择第四个选项即"没听说过"，人数占比为8.08%。具体内容如图6-3所示。在广西壮族自治区仅占8.08%的农民没有听说过金融诈骗，说明九成以上的农民都已经听说过金融诈骗，只是知晓程度有所不同。

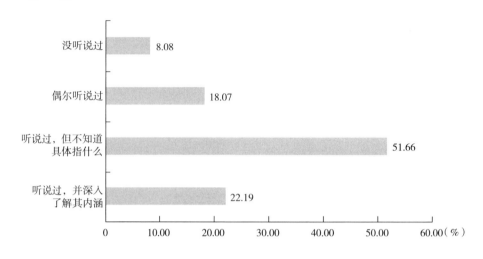

图 6-3　广西农民对金融诈骗的认知

二、农村金融诈骗的危害

据报道，中国网民人数已达 7.6 亿，随着我国网民人数的增加，我国的互联网金融诈骗出现的频率和广度也与日俱增，目前，互联网金融欺诈新花样频出，一些平台在没有风控能力的情况下开展互联网金融业务，还有个别企业打着互联网金融的旗号行集资诈骗之实。根据现有统计数据，我国累计违规平台已经超过3500 家（国家互联网金融分析技术平台的监测数据），每天平均发生的金融欺诈行为达 5 万次（腾讯安全联合实验室反诈骗实验室公开数据），网贷行业累计问题平台已达 3255 家（网贷天眼统计数据），而它们涉及的问题种类繁多，其中主要包括平台失联、前期收益率过高、没有备案、金融数据在境外、进行诱导性宣传、违规开展业务、发行虚拟货币等。可以说，互联网金融诈骗几乎已经涉及金融的所有领域，金融诈骗无处不在，农村地区也难以幸免，而且广大的农村地区反而是互联网金融诈骗的重灾区。因此，本书专门针对广西农民周围的金融诈骗情况进行了调查。当问及"您自己或者身边的亲戚朋友是否遭受过诈骗损失"，在 631 位农民中，有 43 位农民选择第一个选项即"有，而且很多"，人数占比为6.82%；有 405 位农民选择第二个选项即"有，但是很少"，人数占比为

64.18%；有 183 位农民选择第三个选项即"没有"，人数占比为 29.00%。具体内容如图 6-4 所示。从以上的统计可以看出，广西农村的金融诈骗现在还是比较多发的，有七成以上农民的周围都发生过金融诈骗，对农民的财经素养教育已是迫在眉睫。

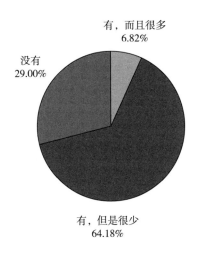

图 6-4　广西农民周围的金融诈骗情况

三、财经素养教育与金融诈骗

目前，我国金融系统对消费者的金融教育工作主要集中于两个方面：一是金融产品的推介，这也是金融机构作为逐利市场主体的本能；二是金融风险的警示多集中于金融市场、金融产品与生俱来的各种风险，比如利率风险、汇率风险、法律风险等。近年来，由于电信网络诈骗、非法集资问题趋于严重，在监管部门统一要求下，金融机构也开展了一些相应的教育普及工作。但这种针对特定的违法犯罪活动的宣传教育工作，并非金融机构常态化的自觉行为。在人力和财力等资源的投入上，针对特定违法犯罪的宣传教育要远低于产品推介和风险提示教育。考虑到电信网络诈骗案件的普遍性和危害性，各金融机构应逐步调整金融教育资源的分配方式，有针对性地加强对居民应对特定违法犯罪活动的教育工作，补齐居民金融教育短板，使金融犯罪应对与金融风险警示、金融产品推介共同构成"三位一体"的居民金融教育工作体系。因此，本书专门针对财经素养教育与金融诈骗进行了调查。当问及"您认为金融理财教育培训对减少金融诈骗有帮助吗"，在631位农民中，有70位农民选择第一个选项即"很有帮助"，人数占比为11.09%；有306位农民选择第二个选项即"有帮助"，人数占比为48.49%；有214位农民选择第三个选项即"没感觉"，人数占比为33.92%；有41位农民选择第四个选项即"根本没有帮助"，人数占比为6.50%。具体内容如图6-5所示。从调查来看，六成农民明确地认为金融理财教育培训对减少金融诈骗有帮助，财经素养教育的作用和目的并没有被农民完全接受，他们甚至还在怀疑金融理财教育培训是否真的能减少金融诈骗，同时对金融诈骗的认识也不到位，农民还没意识到金融诈骗知识的匮乏会加大他们被骗的可能性。

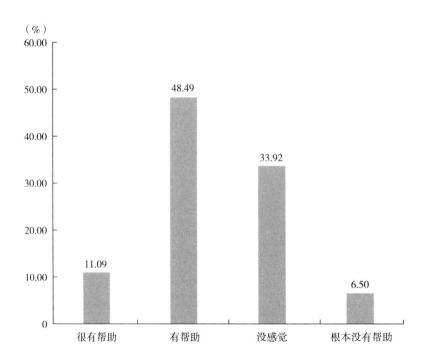

图6-5　农民财经素养教育与金融诈骗的关联度

四、金融理财知识的自我评价

财经素养并不是"高大上"，并不只是居住在城市的居民需要掌握财经素养，而恰恰是越贫困的家庭越需要财经素养教育。在农村，每个农户、每个家庭都可以看成是一个小企业，农户生产什么、销售什么、怎么出售都需要自己判断，城市里居民的资金主要拿去炒股或者存在银行，但是农村家庭像办一个企业一样，为什么有的农民致富快而有的农民致富困难？这就是看这个家庭会不会理财，常言道"你不理财，财不理你"，所以对农村的孩子来说，对贫困家庭的孩子来说，更需要参加财经素养教育培训，他们只有具有了一定的财经素养，才能在将来保护好自己的财产。中国金融教育发展基金会曾经在 2018 年组织 2350 余名师生面向东北地区、华中地区、西南地区、华南地区、华北地区和西北地区 16 省（区）抽取 161 个样本县（市）、约 6 万户农村家庭开展了农村居民金融素养专项调查行动。报告显示：我国农村居民金融素养水平整体偏低，67%的农户对如何区分假币有所掌握，但是对其他金融知识的掌握很薄弱，甚至基本没有接触。这是全国的情况，那么广西农民的财经素养状况如何呢？本书专门针对农民金融理财知识的自我评价进行了调查。当问及"您觉得现有的金融理财知识能够满足日常生产生活的需要吗"，在 631 位农民中，有 36 位农民选择第一个选项即"非常能满足"，人数占比为 5.71%；有 215 位农民选择第二个选项即"比较能满足"，人数占比为 34.06%；有 279 位农民选择第三个选项即"基本能满足"，人数占比为 44.22%；有 101 位农民选择第四个选项即"不能满足"，人数占比为 16.01%。具体结果如图 6-6 所示。总的来看，广西农民在财经知识方面还是比较自信的，占到八成以上的农民都认为自己现有的金融理财知识能够满足日常生产生活需要，这说明广西农民财经素养水平总体水平还是不错的，至少在自我认知上是自信的。当然也不排除有部分农民朋友过于自信，还没有完全意识到自身可能遇到的财经风险，这就需要各级金融机构加强面向农民的金融风险宣传工作，以防他们将来遇到不必要的损失。

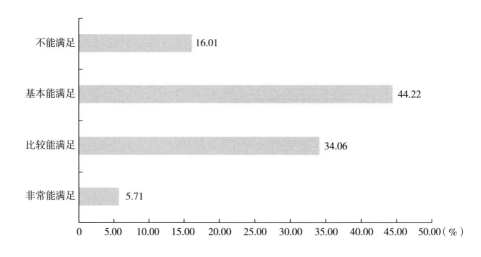

图6-6 广西农民财经素养教育的自我评价

五、财经素养教育的作用

财经素养教育对于个人发展、家庭幸福、社会稳定乃至国家安全都有着重要意义。通过加强财经素养教育，培养出具有基本的财经知识和能力、具有财富道德与信仰的社会主义劳动者和公民，有助于促进人的全面发展，也有助于促进我国社会经济的和谐发展。因此，有必要从维护国家金融安全和社会发展的高度来重视农民的财经素养教育。中国人民银行、中国银保监会、中国证监会、国家网信办共同启动了"金融知识普及月、金融知识进万家、争做理性投资者、争做金融好网民"活动，旨在推动金融知识普及工作有效覆盖到各类金融消费者，尤其关注农民、务工人员、青少年、老年人和残疾人等重点人群，不断提升金融消费者的金融素养，不断增强金融消费者的风险防范意识、责任意识和诚信意识。为此，本书专门针对农民财经素养教育的作用进行了调查。当问及"您认为参加金融理财教育培训有用吗"，在631位农民中，有50位农民选择第一个选项即"非常有用"，人数占比为7.92%；有233位农民选择第二个选项即"比较有用"，人数占比为36.93%；有283位农民选择第三个选项即"一般"，人数占比为44.85%；有65位农民选择第四个选项即"没有用"，人数占比为10.30%。具体内容如图 6-7 所示。调研结果表明，虽然开展财经素养教育具有十分重要的作用，但也不是每个农民都认可的，占到九成的农民认可财经素养教育的作用，仅有 10% 的农民认为财经素养教育没有用。由于我国的农民人数基数比较大，90% 的农民是一个非常庞大的群体，因此农民财经素养教育的宣传还是应该继续开展的。

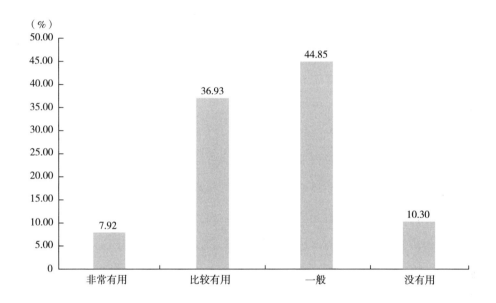

图 6-7　农民对财经素养教育作用的认可度

第三节　农民财经素养教育的具体需求

一、财经素养教育的培训类型

为了进一步补齐农村人才短板，近年来政府积极行动加强农民培训，不断提升农民技能素质。但在实际中，培训与需求还存在脱节问题。一方面，农业产业不断升级，现代科技正与传统种养环节不断融合，看天种地少了，利用绿色防控等先进技术多了。这些新变化带来新挑战，对农业经营者的能力提出了新要求。另一方面，农民主体日益多元，既有种了几十年地的老把式，也有一腔热血的新农人；既有一家一户的家庭经营，也有上规模的新型主体。他们自身的经历和知识结构不同，对培训的需求存在差异。而时下的农民培训往往依靠上级指派，有的人成了上课"专业户"，真正想学的却没有机会。有的培训走形式、摆花架子，看着热闹，作用不大。鉴于此，广西开展的农民财经教育必须针对农民的实际需求开展，同时应该自下而上地开展农民财经教育需求调研，而不是自上而下地下达各种类型的农民培训任务。

因此，本书专门针对农民财经素养教育的需求类型进行了调查。为避免在问卷中直接询问给调查者造成暗示和提醒，本次调查中将种植养殖技能、管理运营技术、营销与品牌建设、金融理财培训、政策法律解读、产品加工技术等问题放在一起询问农户对这些教育培训的了解情况。当问及"您最喜欢的教育培训内容"（可多选），在631位农民中，有354位农民选择第一个选项即"种植养殖技能"，人数占比为56.10%；有231位农民选择第二个选项即"管理运营技术"，人数占比为36.61%；有190位农民选择第三个选项即"营销与品牌建设"，人数占比为30.11%；有175位农民选择第四个选项即"金融理财培训"，人数占比为27.73%；有118位农民选择第五个选项即"政策法律解读"，人数占比为18.70%；有157位农民选择第六个选项即"产品加工技术"，人数占比为24.88%；有22位农民选择第七个选项即"其他"，人数占比为3.49%。因此，农户对以上农民培训教育类型的知晓度从高到低依次为：种植养殖技能>管理运营技术>营销与品牌建设>金融理财培训>产品加工技术>政策法律解读>其他（如图6-8所示），所以以后的农民金融培训可以与种植养殖技能培训融合在一起开展。

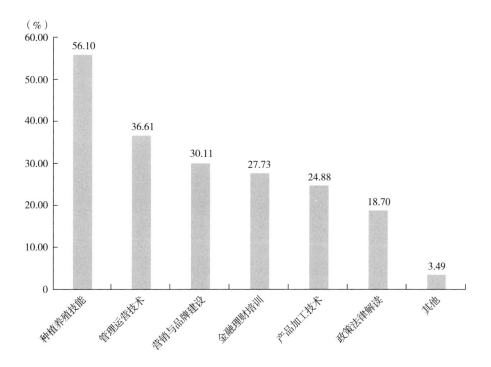

图 6-8 农民对财经素养教育类型的偏好

二、财经素养教育的培训内容

每年各级政府都要组织各种类型的农民培训课程，这些培训提升了农民的各种技能水平，深受农民的欢迎，但是也出现了许多问题，这些主要问题包括：以往的培训提升农民技能效果不明显，没有精准对接农民需求；不少培训项目的内容沿袭多年不变，跟不上农业发展形势；师资力量单薄，难以担起授业解惑的职能；课堂形式简单，无法激发农民的学习兴趣。为此，未来的农民培训需要在培训内容上有所创新，在方式上寻求突破。比如有的地方鼓励农民自主申报，提供菜单式课程，农民朋友们可以根据个人兴趣自主选择。有的地方和科研单位、企业等联合进行农民技能培训，大幅度提高了培训质量。有的地方把解决现实问题和培训结合起来，提高了培训效率。因此，本书专门针对农民财经素养教育的需求内容进行了调查。当问及"您希望获得哪些方面的金融理财知识"（可多选），在 631 位农民中，有 309 位农民选择第一个选项即"人民币真假的辨别"，人数占比为 48.97%；有 292 位农民选择第二个选项即"个人贷款信用"，人数占比为 46.28%；有 197 位农民选择第三个选项即"金融产品与服务"，人数占比为 31.22%；有 225 位农民选择第四个选项即"电子支付"，人数占比为 35.66%；有 187 位农民选择第五个选项即"投资理财"，人数占比为 29.64%；有 218 位农民选择第六个选项即"防范金融诈骗"，人数占比为 34.55%；有 144 位农民选择第七个选项即"金融消费维权"，人数占比为 22.82%；有 20 位农民选择第七个选项即"其他"，人数占比为 3.17%。可见农户对以上农民培训教育内容的需求从高到低依次为：人民币真假的辨别>个人贷款信用>电子支付>防范金融诈骗>金融产品与服务>投资理财>金融消费维权>其他（如图 6-9 所示）。

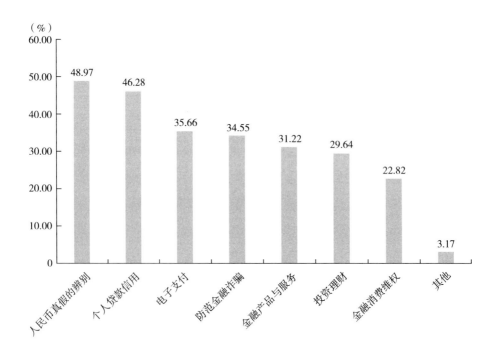

图 6-9　农民对财经素养教育内容的需求

三、财经素养教育的供给主体

人是生产力中最具革命性的、最活跃的要素，它制约着其他生产要素效率的发挥，农业供给侧结构性改革的主体是农民，所以一切为了农民的改革，都必须依靠农民。只有农民素质普遍提高、新型职业农民和新型农业经营主体队伍不断壮大，农业供给侧结构性改革才能具有源源不绝的新动能。农民财经教育培训根据供给主体的不同，可划分为政府部门、金融机构、民间培训机构、大中专院校、新闻媒体等多种培训渠道，各种渠道共同构成了农民教育培训的供给体系。当前农民接受教育培训的主要渠道是政府部门提供的农民职业培训与农技推广、农业科技宣传与普及。同时，农民教育培训必须面对农业结构性改革对农村人力资源开发提出的新挑战、新要求。近年来，农民培训供给主体呈现多元化的发展趋势。因此，本书专门针对农民财经素养教育的供给主体进行了调查。当问及"您更愿意接受哪个组织提供金融理财教育培训"（可多选），在631位农民中，有424位农民选择第一个选项即"政府部门"，人数占比为67.19%；有224位农民选择第二个选项即"金融机构"，人数占比为35.50%；有168位农民选择第三个选项即"民间培训机构"，人数占比为26.62%；有120位农民选择第四个选项即"大中专院校"，人数占比为19.02%；有147位农民选择第五个选项即"新闻媒体"，人数占比为23.30%；有22位农民选择第六个选项即"其他"，人数占比为3.49%。通过调查发现，农户对财经素养教育供给主体的期待程度从高到低依次为：政府部门>金融机构>民间培训机构>新闻媒体>大中专院校>其他（如图6-10所示）。可以看出，在六个选项中，政府部门得到了接近70%的选择，说明政府部门在广西农民朋友心中的威信还是很高的，他们希望从政府那里得到最权威的财经素养教育。

四、财经素养教育的培训时间

只有在完成农业生产之外农闲的时间段里，农民朋友才有意愿接受财经素养教育，因此了解当地农民的农闲时间是开展财经素养教育的前提。一般来讲，每

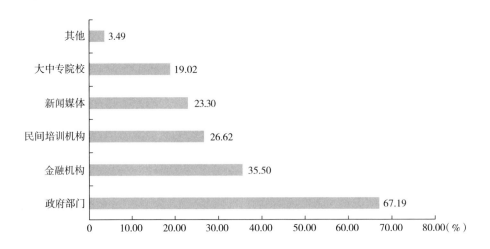

图6-10　农民对财经素养供给主体的偏好

年秋收之后，农民就进入了农闲时间，晒晒太阳、唠唠家常、看看电视是以前冬季农民生活的真实写照，在这段时间里忙碌了一年的农民利用冬季农闲休息一下、调整一下身心，为来年的农业生产储存体力，这是无可厚非的。但是人们在经过长期的无所事事之后很容易产生惰性，因此在农闲的时候，农村地区时常会发生一些负面的事情，所以农民朋友充足休息之后还是应该想方设法忙活起来，积极主动地利用农闲开展农民的农技学习、发展多种经营，变"闲"为"忙"。可以讲农闲时节是"充电"的最佳时节，农民朋友应充分利用好这一时间对农事进行总结，认真学习实用技术和他人的致富经验，提高自身的致富本领，以便在乡村振兴中大显身手。针对农闲时间，农民财经素养教育的培训时间安排也各有不同，包括短期一次培训、长期一次培训、短期多次培训、长期多次培训等。本书专门针对农民财经素养教育的培训时间进行了调查。当问及"您更喜欢哪种培训时间安排"，在631位农民中，有146位农民选择第一个选项即"短期一次"，人数占比为23.14%；有233位农民选择第二个选项即"长期一次"，人数占比为36.92%；有154位农民选择第三个选项即"短期多次"，人数占比为24.41%；有98位农民选择第四个选项即"长期多次"，人数占比为15.53%（如图6-11所示）。可以看出，相对于多次培训来说，农民更喜欢一次性培训，选择

"短期一次"和"长期一次"的农民加起来占比为 60.06%，这也是当前农民培训中比较受欢迎的培训形式，即一事一训。

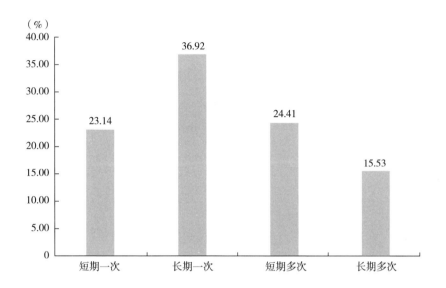

图 6-11　农民对财经素养教育时间安排的偏好

五、财经素养教育的培训地点

中国农村教育资源相对短缺、农村地域广阔、农民居住分散，加上广大农村劳动者接受校园教育培训十分有限，所以在广大的农村地区开展农民的财经素养教育十分困难，所以有专家建议采用远程教学打破时间和空间的限制，农民不离乡、不离岗就地就近参加学习，这种方法既有效地解决了农民生产和学习的矛盾，又缓解了农村教育资源严重不足的状况，直接服务于农业生产，符合中国农村的环境特征和农民的学习诉求。同时随着大数据时代的到来，农业远程教育也同样面临着自印刷术时代之后的又一个伟大变革，网络教育、游戏化学习、虚拟社区与现实课堂有机结合的新型教育模式不断涌现，消解了传统培训时间和空间的概念，实现了超时空的学习和超时空的互动。网络化培训既实现了农民培训的方便快捷，同时兼有容量大、成本低和覆盖广的特点。为了进一步了解培训地点对财经素养教育的影响，本书专门针对农民财经素养教育的培训地点进行了调查。当问及"您喜欢的教育培训方式"（可多选），在631位农民中，有189位农民选择第一个选项即"田间教学"，人数占比为29.95%；有155位农民选择第二个选项即"课堂教学"，人数占比为24.56%；有247位农民选择第三个选项即"一对一咨询指导"，人数占比为39.14%；有155位农民选择第四个选项即"网上视频教学"，人数占比为24.56%；有253位农民选择第五个选项即"到示范基地参观交流"，人数占比为40.09%；有13位农民选择第六个选项即"其他"，人数占比为2.06%（如图6-12所示）。通过调查发现，随着科学技术不断进步，农民培训教育的形式也日渐多样化，网上视频教学也逐渐进入农民培训教育中，网络技术的引入带来的远程教育方式，使得农民财经素养教育的培训形式不断丰富，但传统的教育培训方式仍是农民最容易接受的。

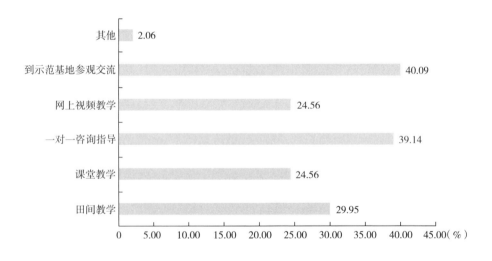

图6-12 农民对财经素养教育形式的偏好

六、财经素养教育的培训机构

20世纪80年代以来，从中央到地方，各级政府及其职能部门都积极参与了农民培训工作，在推动农民教育培训规模快速扩张的同时，也形成了"条块分割"的农民教育培训格局。"九龙治水"的乱象，在不同阶段、不同类型、不同层次的农民培训中都普遍存在，迄今也没有实质性的改变。这在很大程度上既导致了农民教育培训资源在不同政府职能部门之间的分隔与配置不均，也造成了不小的资源浪费。从农民教育培训的实际情况看，地级市及以上政府职能部门组织的培训多是专项培训，有比较充足的配套资金保证，而县（区）、乡（镇）等层级较低的政府职能部门组织的培训，则通常存在较为严重的经费短缺问题。这种资源配置不均的现象，也同样存在于农民教育培训机构之间。例如，隶属于农业部门的农技中心、农服中心等开展的农民教育培训活动通常有较好的培训师资、较多的培训经费；而隶属于教育部门的相关机构，如职业院校、乡镇成人教育中心等，组织的农民教育培训活动，常常因经费短缺而"缺斤少两""捉襟见肘"。此外，在省、市、县等区域内部，也不同程度地存在农民教育培训资源配置失衡的问题。这样的培训环境也影响了农民对培训机构的不同偏好。本书专门针对农民希望的财经素养教育培训机构进行了调查。当问及"您希望从以下哪种途径获取有关金融理财方面的知识和技能"（可多选），在 631 位农民中，有 426 位农民选择第一个选项即"政府部门"，人数占比为 67.51%；有 221 位农民选择第二个选项即"金融机构"，人数占比为 35.02%；有 182 位农民选择第三个选项即"民间培训机构"，人数占比为 28.84%；有 125 位农民选择第四个选项即"大中专院校"，人数占比为 19.81%；有 170 位农民选择第五个选项即"新闻媒体"，人数占比为 26.94%；有 28 位农民选择第六个选项即"其他"，人数占比为 4.44%（如图 6-13 所示）。通过调查发现，在众多的培训结构中，农民最偏爱的仍然是政府部门提供的财经素养教育，其次为金融机构、民间培训机构、大中专院校、新闻媒体，最后是其他部门。

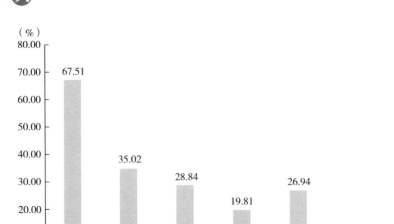

图 6-13　农民对财经素养教育培训机构的偏好

第四节　广西农民财经素养教育需求的特点

一、农民具有一定的学习意愿，同时也面临部分困难

农业生产活动是人类最基本的也是最重要的生产活动之一。由于农作物生长发育受热量、水分、光照等自然因素影响，所以农业生产受自然因素影响也是最显著的，这些自然因素随季节而变化，并有一定的周期，所以农业生产的一切活动都与季节有关，它具有明显的季节性和周期性，从播种到收割需要按季节顺序安排。同样，捕鱼、造林、畜牧等也有季节性和周期性，从而造成农民从事农业生产有农忙期和农闲期。由于农业的生产时间与劳动时间不一致，必须充分利用

农业劳动力的剩余时间。因此，农民教育培训最好选择在农闲时间。在农民的学习意愿调查中，有六成以上的农民还是愿意利用农闲时间来进行学习的，具有一定的学习意愿，这就为开展农民财经素养教育提供了一定的基础条件。本书课题组也调查了农民在农业生产中面临的困难，其中有326位农民选择第一个选项即"缺乏农业技术指导"，人数占比为51.66%；有364位农民选择第二个选项即"对市场信息不了解"，人数占比为57.69%；有177位农民选择第三个选项即"缺乏农业信贷服务"，人数占比为28.05%；有222位农民选择第四个选项即"农业基础环境太差"，人数占比为35.18%。

二、大部分农民都听说过金融诈骗，对其危害认识不到位

随着市场经济的发展，金融服务逐渐向农村普及，金融服务给农民生活带来巨大便利的同时，金融诈骗等违法活动也时有发生。犯罪分子的诈骗形式不断翻新、诈骗手段层出不穷，这不仅对农民的财产安全造成了巨大的威胁，也严重影响了农村社会经济的正常运行。《中国农村居民金融素养抽样调查报告》显示：我国农村居民金融素养水平整体偏低，金融知识匮乏，金融技能单一。近年来，随着普惠金融发展不断提速，以普惠金融为载体、以金融教育提升居民金融素养为手段，推动金融扶贫精准实施已成为我国农村经济发展的重要措施。在农民对金融诈骗的认知调查中，广西壮族自治区仅8.08%的农民没有听说过金融诈骗，说明九成以上的农民都已经听说过金融诈骗，只是知晓程度不同。广西农村的金融诈骗现在还是比较多发的，有七成以上农民的周围都发生过金融诈骗，这说明对农民的财经素养教育已到了迫在眉睫的地步了。本书有关财经素养教育与金融诈骗的调研发现：只有一半的农民明确地认为金融理财教育培训对减少金融诈骗有帮助，这说明财经素养教育的作用和目的并没有被农民完全接受，同时也说明农民对金融诈骗的认识也不到位，他们还没意识到金融诈骗知识的匮乏会加大他们被骗的可能性。

三、具备一定程度的财经知识，对财经素养教育认识不全面

近年来随着农业经济的发展，农民增收途径进一步拓宽，农村居民收入逐年增加。农民手中的财富在增加，但他们的投资渠道和理财方式却没有同步增加。相对于目前城市居民投资理财方式的多样化，农民的理财方式仍然单一。农民手中的"闲钱"，基本上还是多年不变的三个"老出口"：一是存银行，赚点利息；二是民间借贷，通过亲戚朋友放贷给周边需要钱的人；三是投资盖房，不少富裕的农户将自己的大部分积蓄用在新盖、翻修房屋上。虽然目前大多数农民理财意识还比较薄弱，但随着农民手中财富的增加，他们渴望财富增值的愿望日益强烈，他们投资理财的渠道却仍然匮乏，这样农民的理财需求被客观条件限制了，进一步导致一些农村地区出现的非法集资、聚众赌博、铺张浪费等现象时有发生。目前在农村地区的银行网点相对较少，而恰恰又是这些网点承担了主要的宣传普及理财知识的职能，所以说农民缺少获得理财知识的渠道；证券服务机构在农村市场的服务几乎还是空白，已经开展起来的保险业务也不太规范，再加上农村信息化水平依然较低，客观条件的制约使农民对于理财服务的需求难以得到满足。改变农村投资理财渠道匮乏现状，帮助农民实现财富增值的愿望，有很多事情需要做。在加强对农民的投资理财教育、引导农民更新投资理念的同时，有关部门可以加大政策扶持力度，引导和鼓励农民合理合法利用自己手中的资金进行创业、投资。金融理财知识的自我评价中，广西农民在财经知识方面还是比较自信的，八成以上的农民都认为自己现有的金融理财知识能够满足日常生产生活需要。关于财经素养教育的作用，虽然开展财经素养教育具有十分重要的作用，但也不是每个农民都认可的，占到九成的农民认可财经素养教育的作用，但也有10%的农民认为财经素养教育没有用。农民人数基数比较大，比例10%的农民，算下来也是一个很大的数字，因此农民财经素养教育的宣传还是应该继续开展的。

四、对财经素养教育的认知不足，政府是理想的供给主体

财经素养并不是"高大上"，并不只是城市的孩子才需要财经素养，反而是越贫困的家庭越需要财经素养教育。在农村，每个农民、每个家庭都是一个小企业，种植什么、销售什么、如何出售都需要自己判断，城市居民的钱可以有多种增值方式，如炒股、存银行、投资固定资产等，但是农民往往缺少投资渠道，这导致农民之间的贫富差距逐渐增大，就是看这个家庭会不会理财，所以对农村的孩子来说，更需要接受财经素养教育。2017年2月到2018年2月，中国财经素养教育协同创新中心——广西分中心在区内进行了居民财经素养水平与财经素养教育现状调研，调研结果显示，广西民众的财经素养和广西的财经素养教育均处于较低水平。在农民财经素养教育的具体需求方面，本书分别讨论了农民对财经素养教育的培训类型、培训内容、供给主体、培训时间、培训地点和培训机构等内容的认知程度。在财经素养教育的培训类型中，农户对农民培训教育类型的知晓度从高到低依次为：种植养殖技能>管理运营技术>营销与品牌建设>金融理财培训>产品加工技术>政策法律解读>其他。在财经素养教育的培训内容中，农户对农民培训教育内容的知晓度从高到低依次为：人民币真假的辨别>个人贷款信用>电子支付>防范金融诈骗>金融产品与服务>投资理财>金融消费维权>其他。在对财经素养教育供给主体的期待程度方面，政府部门得到了接近70%的选择，说明政府部门在广西农民心中的威信还是很高的，他们希望从政府那里得到最权威的财经素养教育。

五、一次性培训更受欢迎，传统教育培训方式仍为主流

财经素养教育的培训时间中，相对于多次培训来说，农民更喜欢一次性培训，选择"短期一次"和"长期一次"的农民加起来占比为60.06%，这也符合当前农民培训中比较受欢迎的培训形式，即一事一训。面对广大农民群体需求的不断变化，提供多样化、高质量的教育培训服务，以满足高素质农民教育培训的需求，是农民财经素养教育的职责所在和工作方向。利用互联网方便快捷、不受

时空限制的优点，实行"钉钉"线上培训，确保"停课不停学"，向广大农民朋友传授财经知识和财经技能，学员不受地域和空间的限制，可以足不出户收看直播学习财经知识和财经风险防范。如果错过直播，还可利用自己的闲暇时间收看回放，这样可以保证农民朋友不错过学习。在财经素养教育的培训地点中，网上视频教学也逐渐进入农民培训教育中，网络技术的引入带来的远程教育方式，使得农民财经素养教育的培训形式不断丰富，但传统的教育培训方式仍是农民的最爱。在现实的财经素养教育的实际选择中，农民最偏爱的是政府部门提供的财经素养教育，其次为金融机构、民间培训机构、大中专院校、新闻媒体，最后是其他部门。

第五节　本章小结

本章从农民接受财经素养教育的基础条件、培训目的以及具体需求三个方面对广西农民财经素养教育的需求状况进行了分析。

在农民接受教育培训的基础条件方面，本章分别讨论了农民的学习意愿和面临的困难等内容。农民的学习意愿中，有六成以上的农民还是愿意利用农闲时间来进行学习的，具有一定的学习意愿，这就为开展农民财经素养教育提供了一定的基础条件。在面临的困难中，有326位农民选择第一个选项即"缺乏农业技术指导"，人数占比为51.66%；有364位农民选择第二个选项即"对市场信息不了解"，人数占比为57.69%；有177位农民选择第三个选项即"缺乏农业信贷服务"，人数占比为28.05%；有222位农民选择第四个选项即"农业基础环境太差"，人数占比为35.18%。

在农民财经素养教育的培训目的方面，本章分别讨论了农民对金融诈骗的认知、农村金融诈骗的危害、财经素养教育与金融诈骗、金融理财知识的自我评价和财经素养教育的作用等内容。农民对金融诈骗的认知中，广西壮族自治区仅有

8.08%的农民没有听说过金融诈骗，说明九成以上的农民都已经听说过金融诈骗，只是知晓程度有所不同。在农民金融诈骗的危害方面，广西农村的金融诈骗现在还是比较多发的，有七成以上农民的周围都发生过金融诈骗，对农民的财经素养教育已迫在眉睫了。在财经素养教育与金融诈骗方面，只有一半的农民明确地认为金融理财教育培训对减少金融诈骗有帮助，财经素养教育的作用和目的并没有被农民完全接受，同时对金融诈骗的认识也不到位，农民还没意识到金融诈骗知识的匮乏会加大他们被骗的可能性。在金融理财知识的自我评价方面，广西农民在财经知识方面还是比较自信的，八成以上的农民都认为自己现有的金融理财知识能够满足日常生产生活需要。在财经素养教育的作用方面，虽然开展财经素养教育具有十分重要的作用，但也不是每个农民都认可的，九成的农民认可财经素养教育的作用，但是仍有10%的农民认为财经素养教育没有用，这部分人即使只占到10%，考虑到农民人数基数比较大，算下来也是一个很大的群体，因此农民财经素养教育的宣传还是应该继续开展的。

在农民财经素养教育的具体需求方面，本章分别讨论了农民对财经素养教育的培训类型、培训内容、供给主体、培训时间、培训地点和培训机构等内容的认识情况。在财经素养教育的培训类型中，农户对农民培训教育类型的知晓度从高到低依次为：种植养殖技能>管理运营技术>营销与品牌建设>金融理财培训>产品加工技术>政策法律解读>其他。在财经素养教育的培训内容中，农户对农民培训教育内容的知晓度从高到低依次为：人民币真假的辨别>个人贷款信用>电子支付>防范金融诈骗>金融产品与服务>投资理财>金融消费维权>其他。在财经素养教育的供给主体中，政府部门得到了接近70%的选择，说明政府部门在广西农民心中的威信还是很高的，他们希望从政府那里得到最权威的财经素养教育。在财经素养教育的培训时间方面，相对于多次培训来说，农民更喜欢一次性培训，这部分占比为60.06%，这也符合当前农民培训中比较受欢迎的培训形式。在财经素养教育的培训地点中，网上视频教学也逐渐进入农民培训教育中，网络技术的引入带来的远程教育方式，使得农民财经素养教育的培训形式不断丰富，但农民更喜欢传统的教育培训方式。在财经素养教育的培训机构中，农民最偏爱的仍然是政府部门提供的财经素养教育,其次为金融机构、民间培训机构、大中专院校、新闻媒体,最后是其他部门。

广西农民财经素养教育需求的特点有:农民具有一定的学习意愿,同时也面临部分困难;大部分农民都听说过金融诈骗,对其危害认识不到位;具备一定程度的财经知识,对财经素养教育认识不全面;对财经素养教育的认知不足,政府是其理想的供给主体,一次性培训更受欢迎,传统教育培训方式仍为主流。

第七章 广西农民财经素养教育的意愿分析

第一节 财经素养教育的参加意愿

一、农民财经素养教育的参加意愿

广西壮族自治区人民政府办公厅印发《广西职业技能提升行动实施方案（2019—2021年）》，计划三年共开展各类补贴性职业技能培训150万人次以上，三年组织就业重点群体开展职业技能提升培训和创业培训60万人次。面向高校毕业生、农村转移就业劳动者特别是新生代农民工、城乡未继续升学初高中毕业生（简称两后生）等青年、下岗失业人员、退役军人、就业困难人员（含残疾人），持续实施农民工"春潮行动""求学圆梦行动"、新生代农民工职业技能提升计划和返乡创业培训计划以及劳动预备培训、就业技能培训、职业技能提升培训等专项培训，全面提升职业技能和就业创业能力。但是农民是否真正能参与其中，这就要结合农民的现实情况来分析。比如在县域就业的农民工普遍存在"忙时务农，闲时务工"的特点，再加上他们多从事的是一些门槛低、技术含量不高的工作，使得一些农民工认为没有必要参加培训。另外，市场准入制度尚不完善，比如在建筑领域、餐饮住宿业和部分中小企业中，有些岗位不需要专业技术或较高技能，农民放下锄头，不需经过培训，就可以成为普通工人。他们通过工作中的传帮带能够较容易地掌握基本技能，参不参加技能培训似乎与获得就业岗位关系不大。这些都影响了农民工参训的积极性。农户参与意愿反映了农户参与财经素养教育的积极性。在"您是否愿意参加金融理财教育培训"这项调查中，表示愿意参与财经素养教育的农户有 463 人，占 73.38%；不愿意参与的农民有 168 人，占 26.62%（如图 7-1 所示）。可以看出，在广西农村，大部分农户希望通过参加财经素养教育，改变自身的财经素养、财经能力、财经知识等。

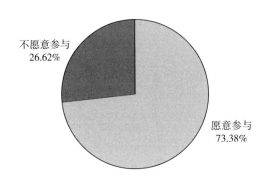

图 7-1　农户参与财经素养教育的意愿

二、农民未参加财经素养教育的原因

为了让更多的农民工参与到免费培训中来，劳动行政部门多次组织工作人员深入到农村、农民工集中企业，利用走门入户、召开座谈会等多种形式，动员农民工参与培训。从结果看，这份"免费午餐"有的农民工并不喜欢，报名的较少，即便有的农民工参加了培训班，也有人不能按时、足时上课。一是部分农民工安于现状。有些长期在市区建筑工地打短工的农民，一天能有 60 元左右的收入，回到家中，由于太累没有心思参加培训。更何况他们干的是体力活，培训对

他们来说没有实际意义。

二是部分参加培训的农民工没有感到收入有变化，影响了参与培训的积极性。有的农民工参加过三期培训，他们拿到的培训合格证明并没有得到企业的认可，工资和没参加培训的农民工相差无几。本书专门针对农民没有参加培训的原因进行了调查。当问及"如果以前没有参加培训，影响您参加的主要因素是什么"（可多选），其中有 187 位农民（占比 29.64%）不愿意参与财经素养教育是因为培训地点安排不合理；有 274 位农民（占比 43.42%）是因为培训时间太长；有 406 位农民（占比 64.34%）是因为没有时间参加；有 142 位农民（占比 22.50%）是因为觉得培训没有效果；有 172 位农民（占比 27.26%）是因为没有获取培训信息；还有 24 位农民（占比 3.80%）是因为其他原因而不愿意参与的（如图 7-2 所示）。此外，还有的农民不愿意参与财经素养教育是因为他们认为财经素养教育是一个"看得见摸不着"的东西。这反映了一部分农民的心声，农村诈骗现象就在他们眼前，天天生活耕作的地方也有所耳闻，但是真正参加财经素养教育的时候，自己的意见却经常得不到采纳，只是按照各级官员、研究专家和学者的方案去操作。这种自上而下的参与方式，将本应该是治理主体的农民排除在外，打击了他们参与财经素养教育的积极性。

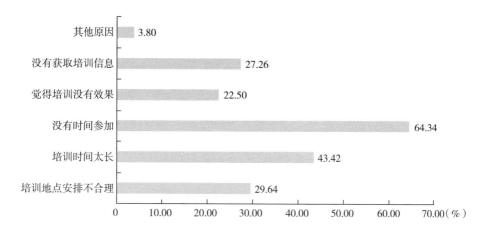

图 7-2　农户未参与财经素养教育的原因

第二节 农民财经素养教育意愿的 影响因素分析

一、内部因素

1. 个人特征

（1）性别对参与意愿的影响。此次调查男性样本为 367 位，占比为 58.16%；女性样本为 264 位，占比为 41.84%（如图 7-3 所示）。在调查的 367 位男性样本中，愿意参与财经素养教育的农户有 263 户，占总数的 71.66%；而在调查的 264 位女性样本中，愿意参与农民财经素养教育的农户有 200 户，占总数的 75.76%。从性别来看，两者的参与意愿差距不大。具体内容如表 7-1 所示。但性别与农民参与财经素养教育是否存在确定的相关性还有待进一步检验。

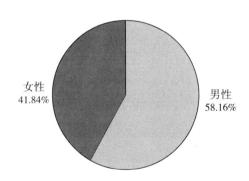

女性
41.84%

男性
58.16%

图 7-3 调查样本的性别比例

（2）年龄对参与意愿的影响。本调查所涉及的 631 位农民中，最小年龄为 16 岁，最大年龄为 78 岁，其中 19 岁及以下的有 29 人，20~29 岁的有 140 人，30~39 岁的有 138 人，40~49 岁的有 200 人，50~59 岁的有 91 人，60 岁及以上

表 7-1　性别与农民参与意愿的交互表

			意愿		总计
			愿意	不愿意	
性别	男	人数	263	104	367
		百分比	71.66%	28.34%	100.00%
	女	人数	200	64	264
		百分比	75.76%	24.24%	100.00%
总计		人数	463	168	631
		百分比	73.38%	26.62%	100.00%

的有 33 人（如图 7-4 所示）。其中 20~29 岁的农户占总数的 22.19%，30~39 岁的农户占总数的 21.87%，40~49 岁的农户占总数的 31.70%，50~59 岁的农户占总数的 14.42%，这四个年龄段共同构成了本次调查对象的主体年龄。其中，年龄与农民参与财经素养教育意愿之间的对应关系具体如表 7-2 所示。

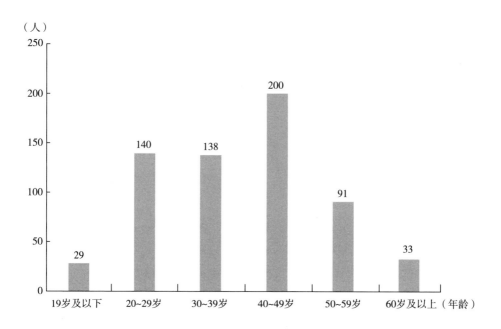

图 7-4　调查样本的年龄分布

表7-2　年龄与农民参与意愿的交互表

			意愿		总计
			愿意	不愿意	
年龄	19岁及以下	人数	20	9	29
		百分比	68.97%	31.03%	100.00%
	20~29岁	人数	105	35	140
		百分比	75.00%	25.00%	100.00%
	30~39岁	人数	113	25	138
		百分比	81.88%	18.12%	100.00%
	40~49岁	人数	142	58	200
		百分比	71.00%	29.00%	100.00%
	50~59岁	人数	60	31	91
		百分比	65.93%	34.07%	100.00%
	60岁及以上	人数	23	10	33
		百分比	69.70%	30.30%	100.00%
总计		人数	463	168	631
		百分比	73.38%	26.62%	100.00%

可以看出，在631份有效问卷中，愿意参与财经素养教育的农民有463位，占总数的73.38%。其中40~49岁愿意参与的绝对人数最多，有142位，但比例最高的是30~39岁这一年龄段，调查的138户中有113户愿意参与，比例达到了81.88%。而不愿意参与财经素养教育的168户农户中，也是40~49岁的农户最多，有58户，但比例最高的是50~59岁的农民，达到了34.07%。仅从以上分析还没法看出年龄与参与意愿的关系，还有待进一步检验。

（3）受教育年限对参与意愿的影响。调查问卷中将农民的文化程度分为小学、初中、高中和大学四个层次，依据现阶段我国教育体系中大部分取得相应学历的人所需要的平均受教育年限来看，小学的受教育年限为6年，初中毕业总共需要9年，高中毕业共需12年，而完成正规的大学本科教育则需要16年，不考虑各地受教育年限的个体差异（如有的地方小学教育为5年，因此完成中学教育需要8年时间），本书关于文化程度的统计皆以完成相应学历所需要的最高年限计算，农民的受教育年限共分为五个层次，即 0 年（文盲）、6 年（小学）、9 年（初中）、12 年（高中）、16 年（大学）。调查中有文盲 71 位，受教育年限为 6 年的农户有 156 位，受教育年限为 9 年的有 197 位，受教育年限为 12 年的有 170 位，受教育年限为 16 年的为 37 位，因此可以看出本次所调查的农民大部分为小学、初中和高中文化程度（如图 7-5 所示）。从表 7-3 可知，参与意愿随着受教育年限的增加呈上升趋势，即文盲和小学文化程度的农户参与财经素养教育的意愿较低，而初中、高中、大学文化程度的农户财经素养教育参与意愿较高。

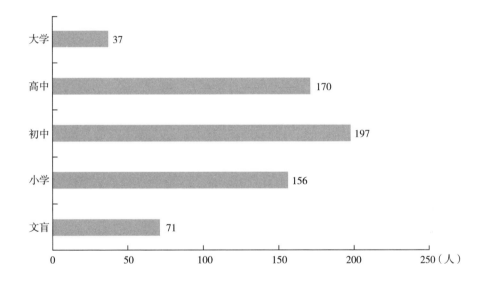

图 7-5　调查样本的受教育年限

表 7-3　受教育年限与农民参与意愿的交互表

			意愿		总计
			愿意	不愿意	
受教育年限	0 年（文盲）	人数	45	26	71
		百分比	63.38%	36.62%	100.00%
	6 年（小学）	人数	109	47	156
		百分比	69.87%	30.13%	100.00%

续表

			意愿		总计
			愿意	不愿意	
受教育年限	9年（初中）	人数	147	50	197
		百分比	74.62%	25.38%	100.00%
	12年（高中）	人数	131	39	170
		百分比	77.06%	22.94%	100.00%
	16年（大学）	人数	31	6	37
		百分比	83.78%	16.22%	100.00%
总计		人数	463	168	631
		百分比	73.38%	26.62%	100.00%

2. 农户家庭特征

（1）家庭规模对参与意愿的影响。在所调查的631个样本中，最小的家庭规模仅有1人，最大的家庭规模有15人。家庭人口为1人的有2户，2人的有4户，3人的有84户，4人的有178户，5人的有199户，6人的有116户，7人的有27户，8人的有14户，9人的有3户，10人的有2户，12人的有1户，15人的有1户。从图7-6可以看出，本次调查样本家庭规模主要集中在3~6人，占到总样本的91.44%。因为在农村家庭养老比较普遍，加上少数民族地区的计划生育执行情况不容乐观，造成其农村的家庭规模相对于城镇一般要偏大一些。

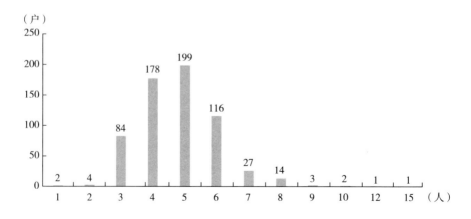

图7-6　农户家庭规模分布情况

从表7-4可以看出，在家庭规模为3~6人的577户中，有425户愿意参与财经素养教育，占总数的73.66%。其中，家庭规模为5人的愿意参与的绝对人数最多，有142户，但比例最高的是家庭规模为4人，调查中的178户中有140户愿意参与，比例达到了78.65%。而不愿意参与财经素养教育的168户农户中，也是家庭规模为5人的农户最多，达到了57户，比例也是最高为28.64%。当家庭规模为3人时，有28.57%的人不愿意参与财经素养教育，家庭规模为4人时，这一比例又出现了转折，即从上升转变为下降。当家庭规模为7人时参加意愿增加到77.78%，随着人口规模的增加这一比例又不断下降，因此家庭规模与参与意愿并不存在很明显的对应关系，也可以说家庭规模对于农户参与财经素养教育意愿的影响程度并不明显。

表7-4 家庭规模与农户参与意愿的交互表

			意愿		总计
			愿意	不愿意	
家庭规模	1人	户数	1	1	2
		百分比	50.00%	50.00%	100.00%
	2人	户数	2	2	4
		百分比	50.00%	50.00%	100.00%
	3人	户数	60	24	84
		百分比	71.43%	28.57%	100.00%
	4人	户数	140	38	178
		百分比	78.65%	21.35%	100.00%
	5人	户数	142	57	199
		百分比	71.36%	28.64%	100.00%
	6人	户数	83	33	116
		百分比	71.55%	28.45%	100.00%
	7人	户数	21	6	27
		百分比	77.78%	22.22%	100.00%
	8人	户数	10	4	14
		百分比	71.43%	28.57%	100.00%

续表

家庭规模			意愿		总计
			愿意	不愿意	
家庭规模	9 人	户数	2	1	3
		百分比	66.67%	33.33%	100.00%
	10 人	户数	1	1	2
		百分比	50.00%	50.00%	100.00%
	12 人	户数	0	1	1
		百分比	0.00%	100.00%	100.00%
	15 人	户数	1	0	1
		百分比	100.00%	0.00%	100.00%
总计		户数	463	168	631
		百分比	73.38%	26.62%	100.00%

（2）家庭劳动力人数对参与意愿的影响。调查的样本中，家庭劳动力人数最多的为 12 人，最少的为 1 人。家庭劳动力人数具体分布情况为：3.65%的农户家庭劳动力人数为 1 人，49.76%的农户家庭劳动力人数为 2 人，25.20%的农户家庭劳动力人数为 3 人，15.85%的农户家庭劳动力人数为 4 人，4.60%的农户家庭劳动力人数为 5 人，0.48%的农户家庭劳动力人数为 6 人，0.16%的农户家庭劳动力人数为 8 人，0.16%的农户家庭劳动力人数为 9 人，0.16%的农户家庭劳动力人数为 12 人（如图 7-7 所示）。从表 7-5 可以看出，随着家庭劳动力的增加，愿意参与财经素养教育的农户比例呈现先上升后下降而后又上升的情况，因此两者之间并不存在严格意义上的正相关或是负相关。

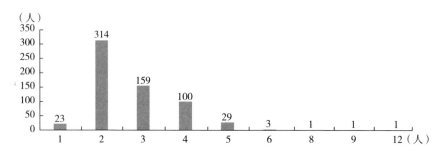

图 7-7　家庭劳动力人数分布

表 7-5　家庭劳动力数与农户参与意愿的交互表

			意愿		总计
			愿意	不愿意	
家庭劳动力数	1	人数	14	9	23
		百分比	60.87%	39.13%	100.00%
	2	人数	241	73	314
		百分比	76.75%	23.25%	100.00%
	3	人数	119	40	159
		百分比	74.84%	25.16%	100.00%
	4	人数	70	30	100
		百分比	70.00%	30.00%	100.00%
	5	人数	17	12	29
		百分比	58.62%	41.38%	100.00%
	6	人数	0	3	3
		百分比	0.00%	100.00%	100.00%
	8	人数	1	0	1
		百分比	100.00%	0.00%	100.00%
	9	人数	0	1	1
		百分比	0.00%	100.00%	100.00%
	12	人数	1	0	1
		百分比	100.00%	0.00%	100.00%
总计		人数	463	168	631
		百分比	73.38%	26.62%	100.00%

（3）外出打工人数对参与意愿的影响。兼业农户是指既从事农业生产又从事非农业活动而获得收入的农户。兼业化是世界各国农业在本国工业化发展进程中出现的一个共同现象，即越来越多的农民在从事农业生产的同时，也从事着非农业的生产活动并从中获得收入，即使在人少地多的发达国家，农业的兼业化现象也是广泛存在的。所以本书所涉及的兼业主要是指有人外出打工的家庭，在631 个调查样本中，有 437 个即 69.93% 的家庭存在兼业行为，即家庭有人外出打工。在兼业农户家庭中有参与财经素养教育意愿的占 75.06%，不愿意的占

24.94%；在非兼业农户家庭中有参与财经素养教育意愿的占 69.59%，不愿意的占 30.41%。从表 7-6 可以看出，兼业与非兼业农户家庭在财经素养教育参与意愿上存在一定差异但不明显。同时，本章还进一步分析了兼业人数与财经素养教育参与意愿的关系。从表 7-7 可知，随着家庭兼业人数的增加，农户参与财经素养教育的意愿变化具有不确定性。

表 7-6 家庭兼业程度与农户参与意愿的交互表

| | | | 意愿 | | 总计 |
			愿意	不愿意	
家庭兼业程度	有	人数	328	109	437
		百分比	75.06%	24.94%	100.00%
	无	人数	135	59	194
		百分比	69.59%	30.41%	100.00%
总计		人数	463	168	631
		百分比	73.38%	26.62%	100.00%

表 7-7 外出打工人数与农户参与意愿的交互表

| | | | 意愿 | | 总计 |
			愿意	不愿意	
外出打工人数	0	人数	135	59	194
		百分比	69.59%	30.41%	100.00%
	1	人数	94	29	123
		百分比	76.42%	23.58%	100.00%
	2	人数	156	59	215
		百分比	72.56%	27.44%	100.00%
	3	人数	45	15	60
		百分比	75.00%	25.00%	100.00%
	4	人数	29	6	35
		百分比	82.86%	17.14%	100.00%
	5	人数	2	0	2
		百分比	100.00%	0.00%	100.00%

续表

			意愿		总计
			愿意	不愿意	
外出打工人数	8	人数	2	0	2
		百分比	100.00%	0.00%	100.00%
总计		人数	463	168	631
		百分比	73.38%	26.62%	100.00%

（4）家庭位置对参与意愿的影响。为了探究农民家庭所处的地理位置是否对农民参与财经素养教育的意愿产生影响，本书根据家庭位置的不同将被调查者分为城市郊区、平原和山区三组。本次调查的样本中，家庭位置位于城市郊区的有 224 户，所占比例为 35.50%；家庭位置位于平原的有 104 户，所占比例为 16.48%；家庭位置位于山区的有 303 户，所占比例为 48.02%（如图 7-8 所示）。在家庭位置位于城市郊区的农民中，有 74.55% 的农民有参与财经素养教育的意愿；在家庭位置位于平原的农民中，有 73.08% 的农民有参与财经素养教育的意愿；在家庭位置位于山区的农民中，有 72.61% 的农民有参与财经素养教育的意愿。从表 7-8 可以看出，家庭位置位于城市郊区的农民参与财经素养教育的意愿更高，平原次之，山区最低。家庭位置与农户参与意愿的关系，还有待进一步的检验。

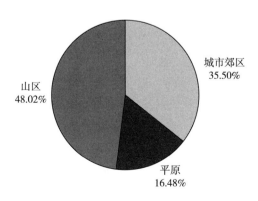

图 7-8　农民家庭所处的地理位置分布

表7-8 家庭位置与农户参与意愿的交互表

			意愿		总计
			愿意	不愿意	
实际劳动力数	城市郊区	人数	167	57	224
		百分比	74.55%	25.45%	100.00%
	平原	人数	76	28	104
		百分比	73.08%	26.92%	100.00%
	山区	人数	220	83	303
		百分比	72.61%	27.39%	100.00%
总计		人数	463	168	631
		百分比	73.38%	26.62%	100.00%

3. 农业收入特征

（1）家庭收入对参与意愿的影响。本次调查将农民全年家庭收入分为五档，分别为：5000元以下；5000～10000元；10000～15000元；15000～20000元；20000元以上。在所调查的631个样本中，位于第一档全年收入在5000元以下的家庭数为85个，位于第二档全年收入在5000～10000元的家庭数为133个，位于第三档全年收入在10000～15000元的家庭数为149个，位于第四档全年收入在15000～20000元的家庭数为98个，位于第五档全年收入在20000元以上的家庭数为166个。广西经过近二十年的发展，特别是西部大开发、扶贫攻坚、乡村振兴等国家政策的推动，农民收入得到了普遍提高，《中共广西壮族自治区委员会 广西壮族自治区人民政府关于全面推进乡村振兴加快农业农村现代化的实施意见》提出，2021年，要实现现代特色农业加快发展，第一产业增加值、农村居民人均可支配收入增速超过全国平均水平。从图7-9可以看出，本次调查的样本家庭中，比重从高到低依次为：第五档全年收入在20000元以上，比重为26.31%；第三档全年收入在10000～15000元，比重为23.61%；第二档全年收入在5000～10000元，比重为21.08%；第四档全年收入在15000～20000元，比重为15.53%；第一档全年收入在5000元以下，比重为13.47%。

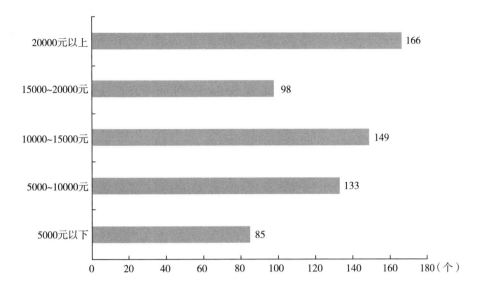

图7-9　农户家庭收入分布情况

从表7-9可以看出，愿意参与财经素养教育绝对数最多的是第五档全年收入在20000元以上的农户，共有128户，但比例最高的是第四档全年收入在15000~20000元的农户，调查的98户中有77户愿意参与，比例达到了78.57%。而不愿意参与财经素养教育的168户农户中，第三档全年收入在10000~15000元的农民最多，达到了43户，比例最高的为第一档全年收入在5000元以下的农户，比例达到了30.59%。随着家庭收入的增加，农民愿意参与财经素养教育的比例，从第一档的69.41%，一直增加到第四档的78.57%，第五档比例略有下降。因此随着家庭收入的增加，农户参与财经素养教育的意愿变化具有不确定性。

表7-9　家庭收入与农户参与意愿的交互表

			意愿		总计
			愿意	不愿意	
家庭收入	5000元以下	户数	59	26	85
		百分比	69.41%	30.59%	100.00%

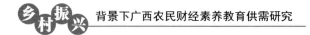

续表

| | | | 意愿 | | 总计 |
			愿意	不愿意	
家庭收入	5000~10000 元	户数	93	40	133
		百分比	69.92%	30.08%	100.00%
	10000~15000 元	户数	106	43	149
		百分比	71.14%	28.86%	100.00%
	15000~20000 元	户数	77	21	98
		百分比	78.57%	21.43%	100.00%
	20000 元以上	户数	128	38	166
		百分比	77.11%	22.89%	100.00%
总计		户数	463	168	631
		百分比	73.38%	26.62%	100.00%

　　（2）农业收入占家庭总收入比重对参与意愿的影响。本次调查将农业收入占家庭总收入的比重分为三档，分别为：10%~39%；40%~69%；70%以上。在所调查的631个样本中，位于第一档农业收入占家庭总收入比重为10%~39%的家庭数为361户，位于第二档农业收入占家庭总收入比重在40%~69%的家庭数为179户，位于第三档农业收入占家庭总收入比重为70%以上的家庭数为91户。随着农业经济的发展，广西农民的收入结构也发生了很大变化，从以前单纯依靠农业收入或者主要依靠农业收入，到现在大部分农民的收入中，农业收入的比例大大下降了，农业收入不再是农民唯一的生活来源。从图7-10可以看出，本次调查的样本家庭中，农业收入占家庭总收入的比重从低到高依次为：第一档农业收入占家庭总收入比重为10%~39%的家庭数占比为57.21%；第二档农业收入占家庭总收入比重为40%~69%的家庭数占比为28.37%；第三档农业收入占家庭总收入比重为70%以上的家庭数占比为14.42%。大部分农民的收入中农业收入占比越来越低，说明他们的经济来源除了农业收入，还有很大一部分是非农业收入，仅仅依靠农业收入的家庭越来越少。

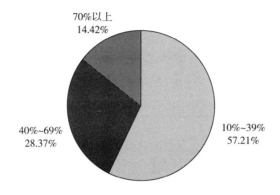

图7-10 农业收入占家庭总收入的比重

从表7-10可以看出，愿意参与财经素养教育绝对数最多的是第一档农业收入占家庭总收入比重为10%～39%的家庭，有259户，但比例最高的是第三档农业收入占家庭总收入比重为70%以上的家庭，调查的91户中有72户愿意参与，比例达到了79.12%。而不愿意参与财经素养教育的168户农户中，第一档农业收入占家庭总收入比重为10%～39%的家庭最多达到了102户，比例最高也为农业收入占家庭总收入比重为10%～39%的家庭，比例达到了28.25%。随着家庭收入比重的增加，农民愿意参与财经素养教育的比例，从第一档的71.75%一直增加到第三档的79.12%。因此，随着农业收入占家庭总收入比重的增加，农户参与财经素养教育的意愿呈逐渐增加的趋势。

表7-10 农业收入占家庭总收入比重与农户参与意愿的交互表

			意愿		总计
			愿意	不愿意	
农业收入占家庭总收入比重	10%～39%	户数	259	102	361
		百分比	71.75%	28.25%	100.00%
	40%～69%	户数	132	47	179
		百分比	73.74%	26.26%	100.00%
	70%以上	户数	72	19	91
		百分比	79.12%	20.88%	100.00%

续表

		意愿		总计
		愿意	不愿意	
总计	户数	463	168	631
	百分比	73.38%	26.62%	100.00%

4. 其他特征

（1）经营主体类型对参与意愿的影响。本次调查将经营主体类型分为四种，分别为：小农户；种植大户、养殖大户；家庭农场；农业合作组织。在所调查的631个样本中，属于小农户类型的数量为492户，属于种植大户、养殖大户类型的数量为65户，属于家庭农场类型的数量为42户，属于农业合作组织类型的数量为32户。近年来，广西采取政策引导、财政支持、示范推进等措施加大力度推动专业大户、家庭农场、农民合作社、农业龙头企业等新型农业经营主体培育发展，构建新型农业经营体系，推动全区现代农业发展和适度规模经营。农业经营主体出现了多样化的态势，但在广西区内农业经营主体仍然以小农户为主。从图7-11可以看出，本次调查的样本中，比重从高到低依次为：小农户类型比重为77.97%；种植大户、养殖大户类型比重为10.30%；家庭农场类型比重为6.66%；农业合作组织类型比重为5.07%。

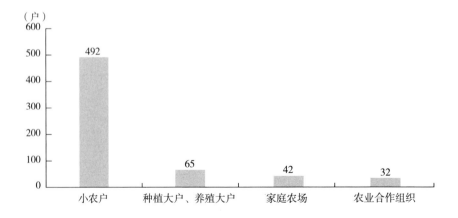

图7-11　经营主体类型分布情况

从表 7-11 可以看出，愿意参与财经素养教育绝对数最多的是小农户类型，有 350 户，但比例最高的是农业合作组织类型，调查中的 32 户中有 27 户愿意参与，比例达到了 84.38%。而不愿意参与财经素养教育的 168 户农户中，小农户类型最多，达到了 142 户，比例最高的也为小农户类型，比例达到了 28.86%。随着农业经营主体类型的变化，农民愿意参与财经素养教育的比例从小农户类型的 71.14% 增加到种植大户、养殖大户类型的 81.54%，家庭农场类型的比例下降到 78.57%，到农业合作组织又上升到 84.38%。因此随着农业经营主体类型的变化，农户参与财经素养教育的意愿变化具有不确定性。

表 7-11　经营主体类型与农户参与意愿的交互表

			意愿		总计
			愿意	不愿意	
经营主体类型	小农户	户数	350	142	492
		百分比	71.14%	28.86%	100.00%
	种植大户、养殖大户	户数	53	12	65
		百分比	81.54%	18.46%	100.00%
	家庭农场	户数	33	9	42
		百分比	78.57%	21.43%	100.00%
	农业合作组织	户数	27	5	32
		百分比	84.38%	15.62%	100.00%
总计		户数	463	168	631
		百分比	73.38%	26.62%	100.00%

（2）手机、电脑熟悉度对参与意愿的影响。本次调查将手机、电脑熟悉度分为三种，分别为：非常熟练、会简单操作、不会使用。本次调查的样本中，比重从高到低依次为：选择"会简单操作"的农民比重为 59.90%；选择"非常熟练"的农民比重为 24.25%；选择"不会使用"的农民比重为 15.85%。从表 7-12 可以看出，愿意参与财经素养教育绝对数最多的是选择"会简单操作"的农民，有 291 户，比例最高的也是选择"会简单操作"的农民，调查的 378 户中有

291 户愿意参与，比例达到了 77.19%。而不愿意参与财经素养教育的 168 户农户中，选择"会简单操作"的农民最多，达到了 86 户，比例最高的是选择"不会使用"的农户，比例达到了 46.00%。随着电子信息化的发展，农民接触手机、电脑的机会越来越多，农民再也不是手机盲和电脑盲，有 84.15% 的广西农民都会使用手机、电脑。从表 7-12 可以看出，对手机、电脑熟悉度高的农民参与财经素养教育的意愿更高，但还需要后面做进一步的定量分析。

表 7-12　手机、电脑熟悉度与农户参与意愿的交互表

			意愿		总计
			愿意	不愿意	
手机、电脑熟悉度	非常熟练	户数	118	35	153
		百分比	77.12%	22.88%	100.00%
	会简单操作	户数	291	86	378
		百分比	77.19%	22.81%	100.00%
	不会使用	户数	54	46	100
		百分比	54.00%	46.00%	100.00%
总计		户数	463	168	631
		百分比	73.38%	26.62%	100.00%

（3）学习意愿对参与意愿的影响。本次调查将农民在农闲时间进行学习的情况分为三种，分别为：经常会、偶尔会、不会。本次调查的样本中，比重从高到低依次为：选择"在农闲时间偶尔会学习"的农民比重为 50.87%；选择"在农闲时间不会学习"的农民比重为 34.39%；选择"农闲时间经常会学习"的农民比重为 14.74%。由表 7-13 可以看出，愿意参与财经素养教育绝对数最多的是选择"农闲时间偶尔会学习"的农民，有 265 位，比例最高的是选择"农闲时间经常会学习"的农民，调查中的 93 户中有 78 户愿意参与，比例达到了 83.87%。而不愿意参与财经素养教育的 168 户农户中，选择"农闲时间不会学习"的农民最多，达到了 97 户，比例最高的也是选择"农闲时间不会学习"的农民，比例达到了 44.70%。党的十九届四中全会《决定》明确指出，坚持和完

善统筹城乡的民生保障制度，满足人民日益增长的美好生活需要。服务全民终身学习的教育体系是国家基本公共服务制度体系的重要组成部分，构建这一体系是让改革发展成果更多惠及全体人民的题中应有之义，对满足人民日益增长的美好生活需要具有重要意义。终身学习的深入推广，农民在农闲时间学习的现象越来越常见，有65.61%的广西农民都会在农闲时间选择学习提升自我。可以看出，有学习意愿的农民参与财经素养教育的意愿更高，但两者的相关关系还需要后面做进一步的定量分析。

表7-13　学习意愿与农户参与意愿的交互表

			意愿		总计
			愿意	不愿意	
学习意愿	经常会学习	户数	78	15	93
		百分比	83.87%	16.13%	100.00%
	偶尔会学习	户数	265	56	321
		百分比	82.55%	17.45%	100.00%
	不会学习	户数	120	97	217
		百分比	55.30%	44.70%	100.00%
总计		户数	463	168	631
		百分比	73.38%	26.62%	100.00%

（4）市场经营意识对参与意愿的影响。在本次调查中，关于农民的市场经营意识，课题组设计了题目为"您有没有考虑过：根据市场的变化来调整农产品的生产和销售？"，答案分为三种，分别为：考虑过，并付诸行动；考虑过，但没有付诸行动；从来没考虑过。本次调查的样本中，比重从高到低依次为：选择"考虑过，但没有付诸行动"的农民比重为51.82%；选择"从来没考虑过"的农民比重为31.38%；选择"考虑过，并付诸行动"的农民比重为16.80%。从表7-14可以看出，愿意参与财经素养教育绝对数最多的是选择"考虑过，但没有付诸行动"的农民，有254户，比例最高的是选择"考虑过，并付诸行动"的农民，调查中的106户中有85户愿意参与，比例达到了80.19%。而不愿意参

与财经素养教育的 168 户农户中，选择"从来没考虑过"的农民最多，达到了 74 户，比例最高的也是选择"从来没考虑过"的农户，比例达到了 37.37%。可以看出，随着农民市场经营意识的增强，他们参与财经素养教育的意愿在不断提高，选择从来没有考虑过市场经营的农民参与意愿只有 62.63%，选择"考虑过，但没有付诸行动"的农民参与意愿增加到 77.68%，选择"考虑过，并付诸行动"的农民参与意愿最高，达到 80.19%。这反映出，市场经营意识与农民参与财经素养教育的意愿呈正相关关系，后面还将做进一步的定量分析。

表 7-14　市场经营意识与农户参与意愿的交互表

| | | | 意愿 | | 总计 |
			愿意	不愿意	
市场经营意识	考虑过，并付诸行动	户数	85	21	106
		百分比	80.19%	19.81%	100.00%
	考虑过，但没有付诸行动	户数	254	73	327
		百分比	77.68%	22.32%	100.00%
	从来没考虑过	户数	124	74	198
		百分比	62.63%	37.37%	100.00%
总计		户数	463	168	631
		百分比	73.38%	26.62%	100.00%

（5）理财意识对参与意愿的影响。在本次调查中，关于农民的理财意识，课题组设计了题目为"您有没有思考过：把多余的钱拿去炒股或是存银行？"，答案分为三种，分别为：考虑过，并付诸行动；考虑过，但没有付诸行动；从来没考虑过。本次调查的样本中，比重从高到低依次为：选择"考虑过，但没有付诸行动"的农民比重为 41.04%；选择"从来没考虑过"的农民比重为 31.54%；选择"考虑过，并付诸行动"的农民比重为 27.42%。从表 7-15 可以看出，愿意参与财经素养教育绝对数最多的是选择"考虑过，但没有付诸行动"的农民，有 210 户，比例最高的也是选择"考虑过，但没有付诸行动"的农民，调查中的 259 户中有 210 户愿意参与，比例达到了 81.08%。而不愿意参与财经素养教育

的 168 户农户中，选择"从来没考虑过"的农民最多，达到了 80 户，比例最高的也是选择"从来没考虑过"的农户，比例达到了 40.20%。可以看出，随着农民理财意识的增强，他们参与财经素养教育的意愿并没有不断提高，选择"从来没有考虑过理财"的农民参与意愿只有 59.80%，选择"考虑过，但没有付诸行动"的农民参与意愿增加到 81.08%，选择"考虑过，并付诸行动"的农民参与意愿又降到 77.46%。这反映出，理财意识与农民参与财经素养教育的意愿并没有明显的正相关关系，后面还将做进一步的定量分析。

表 7-15　理财意识与农户参与意愿的交互表

			意愿		总计
			愿意	不愿意	
理财意识	考虑过，并付诸行动	户数	134	39	173
		百分比	77.46%	22.54%	100.00%
	考虑过，但没有付诸行动	户数	210	49	259
		百分比	81.08%	18.92%	100.00%
	从来没考虑过	户数	119	80	199
		百分比	59.80%	40.20%	100.00%
总计		户数	463	168	631
		百分比	73.38%	26.62%	100.00%

二、外部因素

（1）农村金融诈骗的认知对参与意愿的影响。本次调查针对农村金融诈骗的认知设计的题目为"您是否听说过金融诈骗?"，答案分为四种，分别为：听说过，并深入了解其内涵；听说过，但不知道具体指什么；偶尔听说过；没听说过。本次调查的样本中，比重从高到低依次为：选择"听说过，但不知道具体指什么"的农民比重为 51.66%；选择"听说过，并深入了解其内涵"的农民为 22.19%；选择"偶尔听说过"的农民比重为 18.07%；选择"没听说过"的农民比重为 8.08%。从表 7-16 可以看出，愿意参与财经素养教育绝对数最多的是选择"听说过，但不知道具体指什么"的农民，有235位，比例最高的是选择"听说过，并深入了解其内涵"的农民，调查中的140户中有115户愿意参与，比例达到了82.14%。而不愿意参与财经素养教育的168户农户中，选择"听说过，但不知道具体指什么"的农民最多，达到了91户，比例最高的是选择"偶尔听说过"的农户，比例达到了34.21%。可以看出，随着农民对金融诈骗认知的增强，他们参与财经素养教育的意愿并没有不断提高，选择"没听说过"的农民参与意愿有74.51%，选择"偶尔听说过"的农民参与意愿降低到65.79%，选择"听说过，但不知道具体指什么"的农民参与意愿升高到72.09%，选择"听说过，并深入了解其内涵"的农民继续上升比例到82.14%。这反映出对农村金融诈骗的认知与农民参与财经素养教育的意愿并没有明显的正相关关系，后面还将做进一步的定量分析。

表7-16　农村金融诈骗的认知与农户参与意愿的交互表

			意愿		总计
			愿意	不愿意	
农村金融诈骗的认知	听说过，并深入了解其内涵	户数	115	25	140
		百分比	82.14%	17.86%	100.00%
	听说过，但不知道具体指什么	户数	235	91	326
		百分比	72.09%	27.91%	100.00%
	偶尔听说过	户数	75	39	114
		百分比	65.79%	34.21%	100.00%
	没听说过	户数	38	13	51
		百分比	74.51%	25.49%	100.00%
总计		户数	463	168	631
		百分比	73.38%	26.62%	100.00%

（2）农村金融诈骗的危害对参与意愿的影响。本次调查关于农村金融诈骗的危害设计的题目为"您自己或者身边的亲戚朋友是否遭受过诈骗损失？"，答案分为三种，分别为：有，而且很多；有，但是很少；没有。本次调查的样本

中，比重从高到低依次为：选择"有，但是很少"的农民比重为64.18%；选择"没有"的农民为29.00%；选择"有，而且很多"的农民比重为6.82%。从表7-17可以看出，愿意参与财经素养教育绝对数最多的是选择"有，但是很少"的农民，有302个，比例最高的是选择"有，而且很多"的农民，调查中的43户中有33户愿意参与，比例达到了76.74%。而不愿意参与财经素养教育的168户农户中，选择"有，但是很少"的农民最多，达到了103户，比例最高的是选择"没有听说过农村金融诈骗"的农户，比例达到了30.05%。可以看出，随着农村金融诈骗危害的增多，农民参与财经素养教育的意愿是不断提高的，选择"没有"的农民参与意愿只有69.95%，选择"有，但是很少"的农民参与意愿增加到74.57%，选择"有，而且很多"的农民参与意愿增加到76.74%。这反映出农村金融诈骗危害与农民参与财经素养教育的意愿存在正相关关系，后面还将做进一步的定量分析。

表7-17 农村金融诈骗的危害与农户参与意愿的交互表

			意愿		总计
			愿意	不愿意	
农村金融诈骗的危害	有，而且很多	户数	33	10	43
		百分比	76.74%	23.26%	100.00%
	有，但是很少	户数	302	103	405
		百分比	74.57%	25.43%	100.00%
	没有	户数	128	55	183
		百分比	69.95%	30.05%	100.00%
总计		户数	463	168	631
		百分比	73.38%	26.62%	100.00%

（3）当前农民财经素养教育的满意度对参与意愿的影响。本次调查关于农民财经素养教育的满意度设计的题目为"您对现有的金融理财宣传满意吗？"，答案分为三种，分别为：非常满意；比较满意；不满意。本次调查的样本中，比重从高到低依次为：选择"比较满意"的农民为56.42%；选择"不满意"的农民为37.24%；选择"非常满意"的农民为6.34%。从表7-18可以看出，愿意

参与财经素养教育绝对数最多的是选择"比较满意"的农民，有272个，比例最高的是选择"比较满意"的农民，调查中的356户中有272户愿意参与，比例达到了76.40%。而不愿意参与财经素养教育的168户农户中，选择"比较满意"的农民最多达到了84户，比例最高的是选择"不满意"的农户，比例达到了31.49%。可以看出，随着农民对当前财经素养教育满意度的上升，他们参与财经素养教育的意愿并不是呈不断上升的趋势，选择"不满意"的农民参与意愿只有68.51%，选择"比较满意"的农民参与意愿增加到76.40%，选择"非常满意"的农民参与意愿又下降到75.00%。这反映出农民对当前财经素养教育满意度与农民参与财经素养教育的意愿无显著的相关关系，后面还将做进一步的定量分析。

表 7-18　当前农民财经素养教育的满意度与农户参与意愿的交互表

			意愿		总计
			愿意	不愿意	
当前农民财经素养教育的满意度	非常满意	户数	30	10	40
		百分比	75.00%	25.00%	100.00%
	比较满意	户数	272	84	356
		百分比	76.40%	23.60%	100.00%
	不满意	户数	161	55	235
		百分比	68.51%	31.49%	100.00%
总计		户数	463	168	631
		百分比	73.38%	26.62%	100.00%

（4）对人民币的认知对参与意愿的影响。在本次调查中，关于人民币的认知设计的题目为"您了解人民币真假的辨别吗?"，答案分为四种，分别为：非常了解；部分了解；一般了解；不了解。本次调查的样本中，比重从高到低依次为：认为"部分了解"的农民为44.06%；认为"一般了解"的农民为31.22%；认为"非常了解"的农民为16.06%；认为"不了解"的农民为9.66%。从表7-19可以看出，愿意参与财经素养教育绝对数最多的是认为"部分了解"的农

民有 211 个，比例最高的也是认为"部分了解"的农民，调查中的 278 户中有 211 户愿意参与，比例达到了 75.90%。而不愿意参与财经素养教育的 168 户农户中，认为"部分了解"的农民最多，达到了 67 户，比例最高的是认为"一般了解"的农户，比例达到了 30.96%。可以看出，随着农民对人民币认知度的增加，他们参与财经素养教育的意愿并不是呈不断上升的趋势，认为"不了解"的农民参与意愿有 73.77%，认为"一般了解"的农民参与意愿减少到 69.04%，认为"部分了解"的农民参与意愿又上升到 75.90%，认为"非常了解"的农民参与意愿又下降到 74.74%。这反映出农民对人民币的认知度与农民参与财经素养教育的意愿无显著的相关关系，后面还将做进一步的定量分析。

表 7-19　人民币的认知与农户参与意愿的交互表

			意愿		总计
			愿意	不愿意	
人民币的认知	非常了解	户数	71	24	95
		百分比	74.74%	25.26%	100.00%
	部分了解	户数	211	67	278
		百分比	75.90%	24.10%	100.00%
	一般了解	户数	136	61	197
		百分比	69.04%	30.96%	100.00%
	不了解	户数	45	16	61
		百分比	73.77%	26.23%	100.00%
总计		户数	463	168	631
		百分比	73.38%	26.62%	100.00%

（5）培训信息获取难易度对参与意愿的影响。在本次调查中，关于培训信息获取难易度设计的题目为"您获得培训信息容易吗?"，答案分为四种，分别为：非常容易；比较容易；一般容易；很难。本次调查的样本中，比重从高到低依次为：认为"一般容易获取培训信息"的农民为 50.56%；认为"比较容易获取培训信息"的农民为 25.67%；认为"很难获取培训信息"的农民为 19.02%；认为"非常容易获取培训信息"的农民为 4.75%。从表 7-20 可以看出，愿意参

与财经素养教育绝对数最多的是认为"一般容易获取培训信息"的农民，有231个，比例最高的是认为"比较容易获取培训信息"的农民，调查中的162户中有137户愿意参与，比例达到了84.57%。而不愿意参与财经素养教育的168户农户中，认为"一般容易获取培训信息"的农民最多达到了88户，比例最高的是认为"很难获取培训信息"的农户，比例达到了40.00%。可以看出，随着培训信息获取难易度的增加，农民参与财经素养教育的意愿并不是呈不断上升的趋势，认为"很难获取培训信息"的农民参与意愿为60.00%，认为"一般容易获取培训信息"的农民参与意愿提高到72.41%，认为"比较容易获取培训信息"的农民参与意愿继续上升到84.57%，但认为"非常容易获取培训信息"的农民参与意愿又下降到76.67%。这反映出，培训信息获取难易度与农民参与财经素养教育的意愿无显著的相关关系，后面还将做进一步的定量分析。

表 7-20　培训信息获取难易度与农户参与意愿的交互表

			意愿		总计
			愿意	不愿意	
培训信息获取难易度	非常容易	户数	23	7	30
		百分比	76.67%	23.33%	100.00%
	比较容易	户数	137	25	162
		百分比	84.57%	15.43%	100.00%
	一般容易	户数	231	88	319
		百分比	72.41%	27.59%	100.00%
	很难	户数	72	48	120
		百分比	60.00%	40.00%	100.00%
总计		户数	463	168	631
		百分比	73.38%	26.62%	100.00%

（6）农村财经素养教育的宣传状况对参与意愿的影响。在本次调查中，关于农村财经素养教育的宣传状况设计的题目为"您所在镇或村是否开展过金融理财的相关宣传教育活动？"，答案分为三种，分别为：有，比较多；有，比较少；

没有。本次调查的样本中，比重从高到低依次为：选择"有，比较少"的农民为56.10%；选择"没有"的农民为38.51%；选择"有，比较多"的农民为5.39%。从表7-21可以看出，愿意参与财经素养教育绝对数最多的为选择"有，比较少"的农民，有276户，比例最高的也是选择"有，比较少"的农民，调查中的354户中有276户愿意参与，比例达到了77.97%。而不愿意参与财经素养教育的168户农户中，选择"没有宣传教育"的农民最多，达到了81户，比例最高的也是选择"没有宣传教育"的农户，比例达到了33.33%。可以看出，随着农村财经素养教育的宣传覆盖面的扩大，农民参与财经素养教育的意愿并不是呈不断上升的趋势，选择"没有宣传教育"的农民参与意愿为66.67%，选择"有，比较少"的农民参与意愿提高到77.97%，选择"有，比较多"的农民参与意愿又下降到73.53%。这反映出了农村财经素养教育的宣传覆盖面与农民参与财经素养教育的意愿无显著的相关关系，后面还将做进一步的定量分析。

表7-21　农村财经素养教育的宣传状况与农户参与意愿的交互表

| | | | 意愿 | | 总计 |
			愿意	不愿意	
农村财经素养教育的宣传状况	有，比较多	户数	25	9	34
		百分比	73.53%	26.47%	100.00%
农村财经素养教育的宣传状况	有，比较少	户数	276	78	354
		百分比	77.97%	20.03%	100.00%
	没有	户数	162	81	243
		百分比	66.67%	33.33%	100.00%
总计		户数	463	168	631
		百分比	73.38%	26.62%	100.00%

（7）农村财经素养教育有用性评价对参与意愿的影响。在本次调查中，关于农村财经素养教育有用性评价设计的题目为"您认为参加金融理财教育培训有用吗？"，答案分为四种，分别为：非常有用；比较有用；一般；没有用。本次调

查的样本中，比重从高到低依次为：认为"一般"的农民为44.85%；认为"比较有用"的农民为36.93%；认为"没有用"的农民为5.39%；认为"非常有用"的农民为7.92%。从表7-22可以看出，愿意参与财经素养教育绝对数最多的是认为"比较有用"的农民，有202户，比例最高的也是认为"比较有用"的农民，调查中的233户中有202户愿意参与，比例达到了86.70%。而不愿意参与财经素养教育的168户农户中，认为"一般"的农民最多，达到了98户，比例最高的是认为"没有用"的农户，比例达到了49.23%。可以看出，随着农村财经素养教育有用性评价的提高，农民参与财经素养教育的意愿并不是呈不断上升的趋势，认为"没有用"的农民参与意愿有50.77%，认为"一般"的农民参与意愿提高到65.37%，认为"比较有用"的农民参与意愿继续上升到86.70%，但认为"非常有用"的农民比例又下降到86.00%。这反映出，农村财经素养教育有用性评价与农民参与财经素养教育的意愿无显著的相关关系，后面还将做进一步的定量分析。

表7-22　农村财经素养教育有用性评价与农户参与意愿的交互表

			意愿		总计
			愿意	不愿意	
农村财经素养教育有用性评价	非常有用	户数	43	7	50
		百分比	86.00%	14.00%	100.00%
	比较有用	户数	202	31	233
		百分比	86.70%	13.30%	100.00%
	一般	户数	185	98	283
		百分比	65.37%	34.63%	100.00%
	没有用	户数	33	32	65
		百分比	50.77%	49.23%	100.00%
总计		户数	463	168	631
		百分比	73.38%	26.62%	100.00%

（8）金融理财的接触情况对参与意愿的影响。在本次调查中，关于金融理

财的接触情况设计的题目为"您是否接触过投资理财方面的知识?",答案分为三种,分别为:接触过,比较频繁;接触过,但比较少;没有接触过。本次调查的样本中,比重从高到低依次为:选择"接触过,但比较少"的农民为59.43%;选择"没有接触过"的农民为32.96%;选择"接触过,比较频繁"的农民为7.61%。从表7-23可以看出,愿意参与财经素养教育绝对数最多的是选择"接触过,但比较少"的农民,有305户,比例最高的也是选择"接触过,但比较少"的农民,调查中的375户中有305户愿意参与,比例达到了81.33%。而不愿意参与财经素养教育的168户农户中,选择"没有接触过"的农民最多,达到了85户,比例最高的也是选择"没有接触过"的农户,比例达到了40.87%。可以看出,随着金融理财的接触次数的增加,农民参与财经素养教育的意愿并不是呈不断上升的趋势,选择"没有接触过"的农民参与意愿有59.13%,选择"接触过,但比较少"的农民参与意愿提高到81.33%,选择"接触过,比较频繁"的农民参与意愿继续下降到72.92%。这反映出,金融理财的接触情况与农民参与财经素养教育的意愿无显著的相关关系,后面还将做进一步的定量分析。

表7-23　金融理财的接触情况与农户参与意愿的交互表

| | | | 意愿 | | 总计 |
			愿意	不愿意	
金融理财的接触情况	接触过,比较频繁	户数	35	13	48
		百分比	72.92%	27.08%	100.00%
	接触过,但比较少	户数	305	70	375
		百分比	81.33%	18.67%	100.00%
	没有接触过	户数	123	85	208
		百分比	59.13%	40.87%	100.00%
总计		户数	463	168	631
		百分比	73.38%	26.62%	100.00%

第三节 实证分析

一、模型选择与说明

由于本章研究中的变量是离散的二值变量，寻找哪些因素对农民参与财经素养教育意愿造成影响，结果都只有参与和不参与两种情况，即参与的变量取值为1，不参与的变量取值为0，其要求建立的模型必须要保证因变量的取值是0或1。因此，本书采用 Logistic 回归模型，它适用于此类情况的研究，而且以往的研究也证明 Logistic 回归模型的适用性。

Logistic 回归模型是对二分类因变量（即 y = 1 或 y = 0）进行回归分析时使用最普遍的多元量化统计分析方法，又称增长函数，美国学者 Pearl 等在人口估计和预测中推广应用，并引起广泛注意。通过 Logistic 模型将问题转化为根据样本数据使用最大似然估计法估计出各参数值，经过一定的数学推导运算，可求得响应变量取某个值的概率，即根据影响因素计算其在农民财经素养教育中农户的参与概率。Logistic 回归模型的数学表达式为：

$$\text{logit}(y) = \ln\left(\frac{p}{1-p}\right) = a_0 + a_1 F_1 + a_2 F_2 + \cdots + a_n F_n \tag{7-1}$$

可等价地表示为：

$$p = \frac{\exp(a_0 + a_1 F_1 + a_2 F_2 + \cdots + a_n F_n)}{1 + \exp(a_0 + a_1 F_1 + a_2 F_2 + \cdots + a_n F_n)} \tag{7-2}$$

式中，$y = (0, 1)$ 表示某一事件发生的起数，$y = 1$ 表示发生，$y = 0$ 表示不发生；$p = P(y = 1)$ 表示事件发生的概率；a_i 为待估参数，F_i 为自变量，$i = 1, \cdots, n$。

二、变量特征描述

被解释变量是农民参与财经素养教育的意愿，1 表示农民有参与财经素养教育的意愿，0 表示农民没有参与财经素养教育的意愿。

其中，内部因素包括被调查者个人特征、农民家庭特征、农业收入特征及其他特征，具体细分如下：①被调查者个人特征变量包括：性别、年龄、受教育年限；②农民家庭特征变量包括：家庭规模、家庭劳动力数、外出打工数、家庭位置；③农业收入特征包括：家庭收入水平、农业收入占家庭总收入比重；④其他特征包括：经营主体类型、手机和电脑熟悉度、学习意愿、市场经营意识、理财意识。

外部因素：本书研究广西农民参与财经素养教育的意愿，尽管外部因素对农民财经素养教育有很大影响，但由于广西农民基本上是在相同的外部因素约束下做出参与财经素养教育决策的，所以对参与财经素养教育意愿的解释更多的是内部因素。因此，在实证部分不对诸如财经素养教育政策等制度因素进行分析，只对农村金融诈骗的认知、农村金融诈骗的危害、当前农民财经素养教育的满意度、人民币的认知、培训信息获取难易度、农村财经素养教育的宣传状况、农村财经素养教育有用性评价以及金融理财的接触情况对农户参与财经素养教育意愿的影响程度进行研究。有关变量描述如表 7-24 所示。

表 7-24　变量描述性统计

变量代码	变量名称	赋值	最小值	最大值	均值	标准差
X1	性别	女性 = 0 男性 = 1	0	1	0.5816	0.4933
X2	年龄	实际值	16	78	38.4628	12.7163
X3	受教育年限	实际值	0	18	9.2868	3.9887
X4	家庭规模	实际值	1	15	4.8177	1.3547
X5	家庭劳动力数	实际值	1	12	2.7258	1.0855
X6	外出打工人数	实际值	0	8	1.4247	1.2463
X7	家庭位置	城市郊区 = 1 平原 = 2 山区 = 3	1	3	2.1252	0.9053

变量代码	变量名称	赋值	最小值	最大值	均值	标准差
X8	家庭收入	5000 元以下 = 1 5000 ~ 10000 元 = 2 10000 ~ 15000 元 = 3 15000 ~ 20000 元 = 4 20000 元以上 = 5	1	5	3.2013	1.3845
X9	农业收入占家庭总收入比重	39% 及以下 = 1 40% ~ 69% = 2 70% 及以上 = 3	1	3	1.5721	0.7302
X10	经营主体类型	小农户 = 1 种植、养殖大户 = 2 家庭农场 = 3 农业合作组织 = 4	1	4	1.3883	0.8215
X11	手机、电脑熟悉度	非常熟练 = 1 会简单操作 = 2 不会使用 = 3	1	3	1.9141	0.6271
X12	学习意愿	经常会 = 1 偶尔会 = 2 不会 = 3	1	3	2.1965	0.6728
X13	市场经营意识	考虑过，并付诸行动 = 1 考虑过，但没有付诸行动 = 2 从来没考虑过 = 3	1	3	2.1458	0.6786
X14	理财意识	考虑过，并付诸行动 = 1 考虑过，但没有付诸行动 = 2 从来没考虑过 = 3	1	3	2.0412	0.7667
X15	农村金融诈骗的认知	听说过，并深入了解其内涵 = 1 听说过，但不知道具体指什么 = 2 偶尔听说过 = 3 没听说过 = 4	1	4	2.1204	0.8434
X16	农村金融诈骗的危害	有，而且很多 = 1 有，但是很少 = 2 没有 = 3	1	3	2.2219	0.5558
X17	农民财经素养教育的满意度	非常满意 = 1 比较满意 = 2 不满意 = 3	1	3	2.3090	0.5834
X18	人民币的认知	非常了解 = 1 部分了解 = 2 一般了解 = 3 不了解 = 4	1	4	2.3571	0.8495

续表

变量代码	变量名称	赋值	最小值	最大值	均值	标准差
X19	培训信息获取难易度	非常容易=1 比较容易=2 一般容易=3 很难=4	1	4	2.8384	0.5738
X20	农村财经素养教育的宣传	有，比较多=1 有，比较少=2 没有=3	1	3	2.3312	0.5738
X21	农村财经素养教育评价	非常有用=1 比较有用=2 一般=3 没有用=4	1	4	2.5753	0.7803
X22	金融理财的接触情况	接触过，比较频繁=1 接触过，但比较少=2 没有接触过=3	1	3	2.2536	0.5843

三、模型估计及结果分析

在建立模型之前，为了进一步检验各个因素对农民参与财经素养教育意愿的影响，需要对每个因素与参与意愿之间的相关性进行检测，在通过相关性显著性检测之后再进入模型估计，能够进一步提高模型的精度。本章对内部因素中的农民个人特征下的三个变量进行相关性检验，结果显示：在性别、年龄和受教育年龄三个变量中，只有受教育年限与参与意愿在 $\alpha = 0.01$ 的显著水平上存在相关关系（如表7-25所示）。

表7-25　农民个人特征变量的相关性

		参与意愿	性别	年龄	受教育年限
参与意愿	Pearson 相关性	1	−0.046	−0.061	0.115**
	显著性（双侧）		0.252	0.124	0.004
	N	631	631	631	631

续表

		参与意愿	性别	年龄	受教育年限
性别	Pearson 相关性	-0.046	1	0.114**	-0.073
	显著性（双侧）	0.252		0.004	0.068
	N	631	631	631	631
年龄	Pearson 相关性	-0.061	0.114**	1	-0.465**
	显著性（双侧）	0.124	0.004		0.000
	N	631	631	631	631
受教育年限	Pearson 相关性	0.115**	-0.073	-0.465**	1
	显著性（双侧）	0.004	0.068	0.000	
	N	631	631	631	631

注：**表示在 0.01 水平（双侧）上显著相关。

对内部因素中的农民家庭特征进行相关性检测，结果显示：在家庭规模、劳动力数、外出打工人数和家庭位置这四个变量中，只有劳动力数与参与意愿在 $\alpha=0.05$ 的显著水平上存在相关关系（如表 7-26 所示）。

表 7-26 农民家庭特征变量的相关性

		参与意愿	家庭规模	劳动力数	外出打工人数	家庭位置
参与意愿	Pearson 相关性	1	-0.035	-0.079*	0.067	-0.020
	显著性（双侧）		0.385	0.046	0.092	0.622
	N	631	631	631	631	631
家庭规模	Pearson 相关性	-0.035	1	0.422**	0.301**	0.095*
	显著性（双侧）	0.385		0.000	0.000	0.016
	N	631	631	631	631	631
劳动力数	Pearson 相关性	-0.079*	0.422**	1	-0.374**	0.009
	显著性（双侧）	0.046	0.000		0.000	0.819
	N	631	631	631	631	631
外出打工人数	Pearson 相关性	0.067	0.301**	-0.374**	1	0.147**
	显著性（双侧）	0.092	0.000	0.000		0.000
	N	631	631	631	631	631

		参与意愿	家庭规模	劳动力数	外出打工人数	家庭位置
家庭位置	Pearson 相关性	−0.020	0.095*	0.009	0.147**	1
	显著性（双侧）	0.622	0.016	0.819	0.000	
	N	631	631	631	631	631

注：* 表示在 0.05 水平（双侧）上显著相关；** 表示在 0.01 水平（双侧）上显著相关。

对内部因素中的农民经济特征进行相关性检测，结果显示：在家庭收入水平、农业收入占家庭总收入比重这两个变量中，没有变量与参与意愿存在显著的相关关系（如表 7-27 所示）。

表 7-27　农民经济特征变量的相关性

		参与意愿	家庭收入水平	农业收入占家庭总收入比重
参与意愿	Pearson 相关性	1	0.075	0.055
	显著性（双侧）		0.061	0.171
	N	631	631	631
家庭收入水平	Pearson 相关性	0.075	1	−0.046
	显著性（双侧）	0.061		0.244
	N	631	631	631
农业收入占家庭总收入比重	Pearson 相关性	0.055	−0.046	1
	显著性（双侧）	0.171	0.244	
	N	631	631	631

对内部因素中的其他特征进行相关性检测，结果显示：在电脑熟悉度、学习意愿、市场经营意识、理财意识这四个变量中，学习意愿、市场经营意识、理财意识和参与意愿在 $\alpha = 0.01$ 的显著水平上存在相关关系，电脑熟悉度与参与意愿在 $\alpha = 0.05$ 的显著水平上存在相关关系（如表 7-28 所示）。

表 7-28　农民其他特征变量的相关性

		参与意愿	电脑熟悉度	学习意愿	市场经营意识	理财意识
参与意愿	Pearson 相关性	1	0.088*	-0.145**	-0.261**	-0.151**
	显著性（双侧）		0.027	0.000	0.000	0.000
	N	631	631	629	631	631
电脑熟悉度	Pearson 相关性	0.088*	1	-0.160**	-0.195**	-0.161**
	显著性（双侧）	0.027		0.000	0.000	0.000
	N	631	631	629	631	631
学习意愿	Pearson 相关性	-0.145**	-0.160**	1	0.414**	0.216**
	显著性（双侧）	0.000	0.000		0.000	0.000
	N	629	629	629	629	629
市场经营意识	Pearson 相关性	-0.261**	-0.195**	0.414**	1	0.336**
	显著性（双侧）	0.000	0.000	0.000		0.000
	N	631	631	629	631	631
理财意识	Pearson 相关性	-0.151**	-0.161**	0.216**	0.336**	1
	显著性（双侧）	0.000	0.000	0.000	0.000	
	N	631	631	629	631	631

注：*表示在 0.05 水平（双侧）上显著相关；**表示在 0.01 水平（双侧）上显著相关。

对外部因素中的前四个特征进行相关性检测，结果显示：在金融诈骗认知、金融诈骗危害、农民满意度、人民币认知这四个变量中，金融诈骗认知与参与意愿在 $\alpha = 0.01$ 的显著水平上存在相关关系，金融诈骗危害与参与意愿在 $\alpha = 0.05$ 的显著水平上存在相关关系（如表 7-29 所示）。

表 7-29　外部因素各变量的相关性（1）

		参与意愿	金融诈骗认知	金融诈骗危害	农民满意度	人民向认知
参与意愿	Pearson 相关性	1	-0.159**	-0.084*	-0.050	-0.074
	显著性（双侧）		0.000	0.035	0.211	0.062
	N	631	631	631	631	631

		参与意愿	金融诈骗认知	金融诈骗危害	农民满意度	人民向认知
金融诈骗认知	Pearson 相关性	-0.159**	1	0.264**	0.053	0.202**
	显著性（双侧）	0.000		0.000	0.184	0.000
	N	631	631	631	631	631
金融诈骗危害	Pearson 相关性	-0.084*	0.264**	1	0.190**	0.114**
	显著性（双侧）	0.035	0.000		0.000	0.004
	N	631	631	631	631	631
农民满意度	Pearson 相关性	-0.050	0.053	0.190**	1	0.043
	显著性（双侧）	0.211	0.184	0.000		0.284
	N	631	631	631	631	631
人民向认知	Pearson 相关性	-0.074	0.202**	0.114**	0.043	1
	显著性（双侧）	0.062	0.000	0.004	0.284	
	N	631	631	631	631	631

注：*表示在 0.05 水平（双侧）上显著相关；**表示在 0.01 水平（双侧）上显著相关。

对外部因素中的后四个特征进行相关性检测，结果显示：在信息获取、教育宣传、有用性评价、理财接触这四个变量中，教育宣传和理财接触与参与意愿在 $\alpha = 0.01$ 的显著水平上存在相关关系，有用性评价与参与意愿在 $\alpha = 0.05$ 的显著水平上存在相关关系（如表 7-30 所示）。

表 7-30 外部因素各变量的相关性（2）

		参与意愿	信息获取	教育宣传	有用性评价	理财接触
参与意愿	Pearson 相关性	1	-0.038	-0.166**	-0.102*	-0.268**
	显著性（双侧）		0.341	0.000	0.010	0.000
	N	631	630	631	631	631
信息获取	Pearson 相关性	-0.038	1	0.343**	0.187**	0.355**
	显著性（双侧）	0.341		0.000	0.000	0.000
	N	630	630	630	630	630

续表

		参与意愿	信息获取	教育宣传	有用性评价	理财接触
教育宣传	Pearson 相关性	−0. 166 **	0. 343 **	1	0. 423 **	0. 314 **
	显著性（双侧）	0. 000	0. 000		0. 000	0. 000
	N	631	630	631	631	631
有用性评价	Pearson 相关性	−0. 102 *	0. 187 **	0. 423 **	1	0. 226 **
	显著性（双侧）	0. 010	0. 000	0. 000		0. 000
	N	631	630	631	631	631
理财接触	Pearson 相关性	−0. 268 **	0. 355 **	0. 314 **	0. 226 **	1
	显著性（双侧）	0. 000	0. 000	0. 000	0. 000	
	N	631	630	631	631	631

注：*表示在 0.05 水平（双侧）上显著相关；**表示在 0.01 水平（双侧）上显著相关。

结合以上分析，本书利用 SPSS21.0 统计软件，对农户参与财经素养教育意愿的相关数据进行了 Logistic 回归处理，如表 7-31 所示。

表 7-31　农户参与财经素养教育意愿的 Logistic 模型估计结果

变量	回归系数（B）	标准差（S. E）	沃尔德（Wald）	自由度（df）	显著性概率（sig）
劳动力数 *	−0. 184	0. 095	3. 740	1	0. 053 *
外出打工人数 ***	0. 295	0. 091	10. 475	1	0. 001 ***
家庭收入水平 *	0. 128	0. 074	3. 047	1	0. 081 *
农业收入占家庭总收入比重 **	0. 304	0. 139	4. 750	1	0. 029 **
市场经营意识 ***	−0. 814	0. 169	23. 099	1	0. 000 ***
信息获取 **	0. 279	0. 128	4. 776	1	0. 029 **
理财接触 ***	−0. 795	0. 151	27. 602	1	0. 000 ***
常量 ***	3. 595	0. 629	32. 664	1	0. 000 ***

注："*"、"**"、"***"表示统计检验分别达到 10%、5% 和 1% 的显著水平。

在回归时，采用的回归方法是 backward conditional 方式，得出最终的估计模型。见表 7-31。从模型拟合优度检验来看（见表 7-32），在估计模型中，极大似然估计值为 63.380，Nagelkerke R Square 的值为 0.502，意味着解释了被解释变量 50% 以上的变动。从以上结果来看，模型的最终整体拟合度较好，回归结果良好，具有一定的可信度。

表 7-32　模型总体检验结果

-2Log likelihood	Cox&Snell R Square	Negelkerke R Square
63.380	0.439	0.502

通过 Logistic 回归处理，得出以下非显著性影响因素有：性别、年龄、受教育年限、家庭规模、家庭位置、经营主体类型、手机和电脑熟悉度、学习意愿、理财意识、农民金融诈骗的认知、农村金融诈骗的危害、农民财经素养教育的满意度、人民币的认知、农民财经素养教育的宣传、农村财经素养教育评价。

同时，得到以下显著性影响因素：

（1）家庭劳动力数对农户参与财经素养教育意愿产生负向影响。这说明，随着广西农村家庭劳动力人口的增加，愿意参与财经素养教育的意愿在下降。这次采集的农村家庭劳动力数跨度有点大，从最少的 1 人，到最多的 12 人。从前面的家庭劳动力数与参与意愿的交互分析可以看出，随着家庭劳动力的增加，愿意参与财经素养教育的农户比例呈现先上升后下降而后又上升的情况，两者关系存在不确定性。我国农村劳动力存在老龄化的倾向，当前留在农村的劳动力大多是年龄偏大的农民，一方面他们没法去城市打工获得相对较高的收入，另一方面也为了照顾家里的留守儿童，选择继续从事农业生产。在家务农的农民本身年龄偏大，加上繁重的农活和家务劳动，因此他们并没有太多的时间和精力参与财经素养教育，因此家庭劳动力数的增长并没有提升他们的参与意愿。

（2）外出打工人数对意愿的影响是显著的，且在 1% 的水平上显著，回归系数为 0.295，这说明外出打工人数是影响农户参与财经素养教育意愿的重要因素之一。农业收入低，导致农村劳动力外流，他们去城市打工谋求更高的工资，从而提供家庭收入。同时，还要兼顾家里农忙时节的生产。因此，他们一般在周边寻找工作机会，不愿意去太远的地方。外出打工的人群一般年龄正值青壮年阶段，并且文化程度相对较高，对手机、电脑等方面接触也较多。他们收入相对较高，有了外出打工的经历，他们并不排斥新鲜事物，对类似财经方面的知识有一定的兴趣，也愿意接受更多的财经素养教育，提升自己对财经风险的防范能力。这就导致家庭外出打工人数越多，参与财经素养教育的意愿越高。

（3）家庭收入水平也对农户参与财经素养教育意愿产生影响。从模型结果来看，家庭收入水平在10%的显著水平上，对农户参与财经素养教育具有促进作用。这也和当前农民收入的构成有关，一般认为单纯从事农业生产的农民收入往往偏低，农民家庭收入增加很大一部分都来源于外出打工的收入。家庭收入增加，说明家庭中外出打工的收入在增加，这和第二个显著因素外出打工人数的影响机制相一致，导致农民参与财经素养教育的意愿也相对较高。

（4）在农业收入特征变量中，农业收入占家庭收入比重对农户参与财经素养教育意愿产生正向影响。农业收入占家庭收入比重这个变量主要说明的是农民的兼业化问题。农户兼业化是指一个地区的农户采取兼业经营形式的普遍化程度，常用兼业农占该地区农户总数的比重来表示。农民的兼业化程度越高，说明从事非农业生产的农民越多，也就是外出打工人数越多，农民的非农业收入也越多。这和前面的第二个因素外出打工人数和第三个因素家庭收入水平相互印证，说明广西农民的外出打工经历提升了农民参与财经素养教育的参与意愿。

（5）从模型结果来看，市场经营意识在1%的水平下，对农户参与财经素养教育意愿有显著影响，回归系数是-0.814，这说明市场经营意识对农户参与财经素养教育有负向的影响作用。这意味着，不具有市场经营意识的农户其参与财经素养教育意愿相对于具有市场经营意识的农户意愿更高，市场经营意识没能达到提高农户参与积极性的目的。主要原因在于，不具有市场经营意识的农户缺乏基本的市场经营意识，自身已经意识到市场对农业生产的影响，迫切希望得到这方面的教育培训，因此比具有市场经营意识的农户参与财经素养教育的意愿更强烈。

（6）从模型结果来看，信息获取对农户参与财经素养教育意愿产生正向影响，在5%的水平下对农户参与财经素养教育意愿有显著影响，回归系数是0.279。这说明信息获取的难易程度与其参与财经素养教育具有正向相关关系。由于受教育程度偏低，我国农民的信息素质普遍偏低，利用信息的能力较差，难以主动地接受信息服务。但是农民一旦发现信息带来的好处，他们就会主动去追求信息的获取，希望通过参与财经素养教育获取更多对他们有用的信息，而没有掌握信息的农民并未意识到这一点，因此参与意愿不强烈。

（7）在1%水平下有显著影响的还有理财接触，回归系数是-0.795，这说明农户对理财的接触对其参与财经素养教育有负向影响作用。这说明对投资理财方面知识的接触，并没有提高农民参与财经素养教育的意愿。一方面，农民对财经素养教育的认识不够，认为就是帮助农民理财，他们觉得自己已经掌握这方面的知识了，没有继续参与财经素养教育的必要。另一方面，这也和农民的切身经历有关，很多农民接触财经方面的知识都不是来自政府或者专业的金融机构，而是来自民间的口传，导致他们对理财知识的误解。同时，各级政府、公安部门和金融机构加大了预防金融诈骗犯罪的宣传，这无形中也对农民参与财经素养教育产生了负向影响。

第四节　本章小结

根据农户参与财经素养教育意愿的调查分析，可以看出：关于农户的财经素养教育参与意愿，大部分农户表示愿意参与财经素养教育，希望通过参加财经素养教育，改变自身的财经素养、财经能力、财经知识等。分析其不愿意参与财经素养教育的原因，有187位农民（占比29.64%）不愿意参与财经素养教育是因为培训地点安排不合理；有274位农民（占比43.42%）是因为培训时间太长；有406位农民（占比64.34%）是因为没有时间参加；有142位农民（占比

22.50%）是因为觉得培训没有效果；有 172 位农民（占比 27.26%）是因为没有获取培训信息；还有 24 位农民（占比 3.80%）是因为其他原因而不愿意参与。

然后，本章从内因和外因两个方面分别讨论了可能影响广西农民参与财经素养教育意愿的因素，通过对农民的性别、年龄、受教育年限、家庭规模、家庭劳动力数、外出打工人数、家庭位置、家庭收入、农业收入占家庭总收入比重、经营主体类型、手机和电脑熟悉度、学习意愿、市场经营意识、理财意识、农村金融诈骗的认知、农村金融诈骗的危害、农民财经素养教育的满意度、人民币的认知、培训信息获取难易度、农村财经素养教育的宣传、农村财经素养教育评价、金融理财的接触情况等因素逐个进行讨论，初步掌握每个因素对农户参与财经素养教育意愿的影响情况，与后面构建 Logistic 回归计量模型的结果相互印证。通过运用农户调查数据，并引入二项式 Logisitic 回归计量模型对农户参与意愿的影响因素加以实证，进一步揭示了农户参与财经素养教育意愿的影响因素。通过本章理论分析和实证分析发现，农户参与财经素养教育意愿受到多种因素的影响。实证分析结果表明：外出打工人数、家庭收入水平、农业收入占家庭总收入比重、信息获取对广西农户参与财经素养教育意愿产生正向影响；劳动力人数、市场经营意识、理财接触对农户参与财经素养教育意愿产生负向影响。

第八章 主要结论及政策启示

第一节 主要结论

本书在乡村振兴背景下，基于农民实地调研数据，从供给和需求两个方面对广西农民财经素养教育进行了深入研究。根据上述理论研究和实证分析，本书的主要结论包括以下几个方面：

（1）农民财经素养教育是广西乡村振兴战略重要的组成部分。结合乡村振兴战略，本书主要从财经观念、财经知识、财经意识与财经能力等方面探讨农民财经素养教育的基本内容。本书所探讨的财经素养的主体是农民，对农民范围的理解，要从时间、空间、价值与活动领域四个维度去准确把握。基于这一认识，将农民财经素养表述为：以农业生产为职业的个体或人群关于财经概念和风险的知识和理解力，以及应用这些知识和理解力的技能、动机和信心。

（2）广西农民虽已具备基本的财经观念，但其财经素养整体处于较低水平。具体表现如下：财经观念方面，有68.62%的农民会考虑根据市场的变化来调整农产品的生产和销售，虽然其中只有16.80%的农民会付诸行动。财经知识方面，高达90.34%的农民掌握了对人民币识别的知识，虽然只是对其基础知识有初步了解，但也远远高于不了解的农民人数。财经意识方面，共有 68.46% 的农民会考虑把多余的钱拿去炒股或者存银行，并且有 27.42% 的农民已付诸行动。财经能力方面，高达 84.15% 的农民都会进行简单的手机、电脑操作，且有 24.25% 的农民能够熟练进行手机、电脑的操作。可以看出，广西农民的金融素养水平整体偏低，金融知识匮乏，金融技能单一，但是随着广西农民受教育程度的提高，广西农民已开始具备基本的财经意识，这为农民财经素养教育提供了良好的开端。

（3）广西农民财经素养教育供给的特点包括：一是农民财经素养教育的知晓度偏低。农民对各种培训教育的知晓度从高到低依次为：实用技术培训>职业技能培训>就业引导培训>学历教育>经营管理培训>金融理财培训>综合培训。可见农民财经素养教育培训在广西农民中的认知度偏低，尽管有的农民已经开始认识到财经素养的重要性，但对财经素养教育了解不多。二是农民财经素养教育的宣传形式多样。目前主要的宣传形式包括墙体宣传、拉横幅、手机网络、发宣传单、播放广播等，其中墙体宣传认知度最高，拉横幅、手机网络次之，再次是发宣传单、播放广播，最后是其他方式。三是农民财经素养教育的区域供给不均衡。广西农民财经素养教育供给在区域上呈现出不平衡的态势，具有以下分布特征：在城市郊区相对集中，而在偏远的农村或者山区则明显不足。信息供给渠道调查中有 81.62% 的农民认为获取财经素养教育信息一般容易及以上，有 18.38% 的农民认为获取财经素养教育信息很难。四是农民财经素养教育的信息供给渠道基本畅通。广西农民获取财经素养教育信息的主要渠道依次是：自己在网上查阅、朋友邻里之间、村委会人员通知、电视或广播、其他渠道等。这说明网络已成为当今信息化时代农民获取信息的主要渠道，在农民财经素养教育的信息发布和宣传方面发挥着重要的作用。另外，朋友邻里之间、村委会人员通知以及电视或广播也是农户获取财经素养教育信息的重要来源。五是农民财经素养教育的区域供给总量不足。本次调查中，仅有四成的农民真正参与了农村财经素养教育，还有六成的农民从未参与过农村财经素养教育，总体形势还是比较严峻的。在农民财经素养教育的接触情况中，有 32.48% 的农民没有接触过金融知识，他们在金融理财方面的知识匮乏，这就存在农民工上当受骗而遭受不同程度损失的风险。

（4）广西农民财经素养教育需求的特点包括：一是农民具有一定的学习意愿，同时也面临部分困难。农民的学习意愿方面，有六成以上的农民还是愿意利用农闲时间来进行学习的，具有了一定的学习意愿就为开展农民财经素养教育提供了一定的基础条件。面临的困难方面，有 326 位农民选择第一个选项即"缺乏农业技术指导"，人数占比为 51.66%；有 364 位农民选择第二个选项即"对市场信息不了解"，人数占比为 57.69%；有 177 位农民选择第三个选项即"缺乏农业信贷服务"，人数占比为 28.05%；有 222 位农民选择第四个选项即"农业基础环境太差"，人数占比为 35.18%。二是大部分农民都听说过金融诈骗，对其危害认识不到位。农民对金融诈骗的认知中，广西壮族自治区仅有 8.08% 的农民没有听说过金融诈骗，说明九成以上的农民都听说过金融诈骗，只是知晓程度不同。农民金融诈骗的危害方面，广西农村的金融诈骗现在还是比较多发的，有七成以上的农民周围都发生过金融诈骗，对农民的财经素养教育已迫在眉睫了。财经素养教育与金融诈骗方面，只有一半的农民明确地认为金融理财教育培训对减少金融诈骗有帮助，财经素养教育的作用和目的并没有被农民完全接受，同时农民对金融诈骗的认识也不到位，农民还没意识到金融诈骗知识的匮乏会加大他们被骗的可能性。三是具备一定程度的财经知识，对财经素养教育认识不全面。对金融理财知识的自我评价方面，广西农民在财经知识方面还是比较自信的，八成以上的农民都认为自己现有的金融理财知识能够满足日常生产生活的需要。关于财经素养教育的作用，虽然开展财经素养教育具有十分重要的作用，但也不是每个农民都认可的，九成的农民认可财经素养教育的作用，仅有 10% 的农民认为财经素养教育没有用。但是农民人数基数比较大，10% 的农民，算下来也是一个很大的数字，因此对农民财经素养教育的宣传还是应该继续开展的。四是一次性培训更受欢迎。财经素养教育的培训时间方面，相对于多次培训来说，农民更喜欢一次性培训，选择"短期一次"和"长期一次"的农民加起来占比为 60.06%，这也符合当前农民培训中比较受欢迎的培训形式，即一事一训。五是传统的教育培训方式仍为主流。财经素养教育的培训地点中，网上视频教学也逐渐进入农民培训教育中，网络技术的引入带来的远程教育方式，使得农民财经素养教育的培训形式不断丰富，但传统的教育培训方式仍是农民的最爱。

（5）广西农户参与财经素养教育的意愿比较强烈，说明农户对参与财经素养教育有较高的积极性。农户参与财经素养教育的意愿受到农民性别、年龄、受教育年限、家庭规模、家庭劳动力数、外出打工人数、家庭位置、家庭收入、农业收入占家庭总收入比重、经营主体类型、手机和电脑熟悉度、学习意愿、市场经营意识、理财意识、农村金融诈骗的认知、农村金融诈骗的危害、农民财经素养教育的满意度、人民币的认知、培训信息获取难易度、农村财经素养教育的宣传、农村财经素养教育评价、金融理财的接触情况等内外因素不同程度的影响。实证分析结果表明：外出打工人数、家庭收入水平、农业收入占家庭总收入比重、信息获取等因素对广西农户参与财经素养教育意愿具有正向影响；劳动力人数、市场经营意识、理财接触等因素对农户参与财经素养教育意愿具有负向影响。

第二节　政策启示

基于以上理论研究与实证分析，本书得到以下几个方面的政策启示：

（1）积极推进农村金融基础设施建设，改善农村金融环境，为农民财经素养教育奠定物质基础。随着乡村振兴战略的实施、农业经济的发展，农民增收途径进一步拓宽，农村居民收入还会逐年增加。农民手中的财富在增加，但他们的投资渠道和理财方式却没有同步增加。相比于目前城市居民投资理财方式的多样化，农民的理财方式仍然单一。虽然目前大多数农民的理财意识还比较薄弱，但他们渴望财富增值的愿望一点也不比城里人低。农民手中的财富在增加，他们渴望财富增值的愿望也日益强烈，但投资理财的渠道却相应匮乏，也助推了一些农村地区的非法集资、聚众赌博、铺张浪费等现象的出现。银行网点往往承担了宣传普及理财知识的职能，在农村，银行网点相对较少，农民缺少获得理财知识的渠道；证券服务机构在农村市场的服务几乎还是空白，已经开展起来的保险业务也不太规范，再加上农村信息化水平依然较低，客观条件的制约使农民对于理财服务的需求难以得到满足。在本次调查中也发现，广西大部分农民接触财经知识都是在镇里，其次是在市里，再次是在本村，最后才是其他地点。因此，开展农民财经素养教育还需要把工作重心下移，毕竟农民接触财经知识的地点主要是在建制镇或行政村，在这两个地点接触财经素养教育的比例达到58.16%，不管是宣传工作还是培训教育工作都需要把重点区域放在基层。积极推进农村金融基础设施建设，改善农村金融环境，提高基层组织的财经素养教育水平，为农民财经素养教育奠定良好的基础。只有农民在基层金融机构得到了充分的财经素养教育，才能提高其财经素养能力，从而促进农民投资理财方式的多样化和合理化。

（2）结合新型职业农民培育，加大农民财经素养教育投入力度，提高农民财经素养水平。2012年以来的历次中央一号文件，都强调要培育"新型职业农民"。新型职业农民是指具有科学文化素质、掌握现代农业生产技能、具备一定经营管理能力，以农业生产、经营或服务作为主要职业，以农业收入作为主要生活来源，居住在农村或集镇的农业从业人员。这与农民财经素养教育是相统一的，新型职业农民需要具备一定的经营管理能力，而这里的经营管理能力是多方面综合的，其中必然包含财经素养能力。在本次调查中，仅有四成的广西农民真正参与了农村财经素养教育，还有六成的农民从未参与过农村财经素养教育，总体形势比较严峻。这与中国金融教育发展基金会2018年开展的农村居民金融素养专项调查结果是一致的，同时也印证了本次调查的真实性。农村居民金融素养专项调查结果显示：我国农村居民金融素养水平整体偏低，67%的农户对如何区分假币有所掌握，对其他金融知识的掌握很薄弱，甚至没有接触渠道。财经素养教育和新型职业农民培育两者并不矛盾，而是相互统一、相互促进的。本书认为，广西应抓住此次契机，在新型职业农民培育的框架内，培育农民的财经观念、增加农民的财经知识、增强农民的财经意识、提高农民的财经素养能力。

（3）进一步加大宣传力度，提高农民的财经风险意识，增强农民对金融诈骗的抵抗力。近年来，一些金融投资机构金融诈骗手段花样不断翻新，以金融投资创新为"幌子"、以高利回报为"诱饵"，向社会大肆进行高息集资、虚假个人消费贷款、票据欺诈等金融诈骗活动，让广大农民饱受资产损失之苦，使很多人的"救命钱""养老钱"打了水漂，金融投资诈骗成了农民心中挥之不去的梦魇，更成了一颗长期寄生在金融经济肌体上难以割除的"毒瘤"。在金融监管制度不断完善、监管力量不断加强、金融监管手段不断严厉的形势下，这些金融诈骗活动何以能大行其道？除了一些金融监管制度没有认真落实之外，最关键的还在于农民金融风险防范意识普遍没有"觉醒"，甚至还有相当多的农民金融投资安全意识十分脆弱，或尚处于蒙昧状态，在这种金融生态下，农民难以抵挡投资高回报诱惑，更难消除金融投资盲从心理，"见利忘危"心态驱使大量民众成了金融投资的"瞎子""聋子""哑子"和"疯子"，即对明显违背金融投资常识的金融诈骗活动无法识别风险、正式行使举报权利，最终都成了某些别有用心的金融诈骗机构的"牺牲品"。同时，还要防范一些机构打着金融创新、高额回报等幌子诈骗民众钱财，目前相关政府部门和金融机构经常下文进行信息披露，这些措施对遏制金融犯罪分子诈骗得逞、提高民众警惕性固然重要，但不能仅止于此，应把着力点放在培育农民金融风险意识，唯有农民金融风险意识"觉醒"，才是医治金融投资诈骗最有效的药方。因此，还应继续进一步加大宣传力度，提高农民的财经风险意识，增强农民对金融诈骗的抵抗力。

（4）建立多样化农民财经素养教育信息渠道，解决农民财经素养教育信息不畅的问题。农村地区发展不平衡，受经济发展水平和农民受教育程度等因素的制约，农民信息意识淡薄，获取信息的手段比较落后，信息资源占有量也不平等，获取信息的渠道还比较单一，信息素养整体不高。本次调查中有81.62%的农民认为获取财经素养教育信息一般容易及以上，有18.38%的农民认为自己获取财经素养教育信息很难。其实信息不畅的问题在农村并不少见。比如由于农产品市场信息无法及时准确地传递给农户，不少农民无法及时了解农产品市场的变化情况，种地时选种极为盲目。他们常常是根据去年的情况决定今年的种植，或跟着别的农户种。由于信息不对称，农产品收获后，或比照上年的价格出售，或被中间商从中压级压价，农民的生产种植利润得不到有效保障。本书课题组认为，农民财经素养教育的信息供给出现问题的主要原因是供给渠道不畅通，导致农民财经素养教育信息不对称，所以，畅通供给渠道是关键；而建立多样化的农民财经素养教育信息渠道，加上当地政府切实有效扶持帮助，才是根治农民财经素养教育信息供给不畅的有效处方。本书认为可以从以下两个方面开展工作：首先，应对广西有关农民财经素养教育信息统计和发布环节进行整合，形成全区统一的各类信息采集、整理、发布渠道；其次，建立省、县、乡、村四级信息服务网络和传播渠道，以网络、媒体为主渠道，以龙头企业、中介组织传导为带动的信息发布渠道，将信息送到农户，只有这样才能够建立起多样化农民财经素养教育信息渠道，进而解决农民财经素养教育信息不畅的问题。

（5）完善农民财经素养教育培训体系，满足农民对财经素养教育培训的多样化、多层次需求。农民教育和普通教育是不一样的，要把"需"和"求"更加紧密地结合起来，才能缓解农民财经素养教育需求的多样性与农民财经素养教育供给单一性的矛盾。随着经济社会的发展，农村社会和农民群体都发生了很大变化，包括收入状况、生活理念、价值取向等都有很大变化，这些变化导致农民的真实教育需求呈现多样性、多层次的特点。与此种状况不适应的是，农民教育的供给还基本上停留在最初的状态。目前我国的农民培训体系不能够满足新型农民培育的需要，具体表现在以下几个方面：一是培训内容不能够满足现代农业的科技化、产业化、规模化及市场化的需求；二是部分培训老师或缺乏实践经验，或知识结构老化；三是政府各级部门被动地、应付式地在实施新型农民培育工程，效率有待提高，培训监督机制缺乏。面对新形势、新要求，广西农民财经素养教育一方面要敞开大门"请进来"，举办各类培训班，帮助农民提高财经素养水平、实用财经知识和抵御财经风险能力；另一方面要组织专家教授"走出去"，进村入户，建立完善的以农民财经素养提升为主体的培训体系，满足不同层次职业农民接受培训的需求。

人力资本是现代经济增长的重要因素，提高人力资本的主要途径是教育和在职培训。培训内容和培训形式是培训工作的两个重要组成部分，对培训的质量和效果有重要影响。因此，实践中需要通过调查访谈发现农民财经素养教育的需求，并以农民的财经素养教育需求为因变量，从培训内容和培训形式两个维度探讨广西农民财经素养教育的发展方向。本书开展的广西农民财经素养教育情况调查，研究了农民参加财经素养教育的需求意愿，农民已接受财经素养教育的情况以及对财经素养教育的评价，并结合农民培训的供给与需求对比分析，提出完善农民财经素养教育培训体系，满足农民财经素养教育培训的多样化、多层次需求。

第三节　研究展望

（1）本次调查的样本数据主要来自对广西 631 户农户的调查，虽然样本点的选取考虑了自然条件、经济状况和地域的不同，但在广西壮族自治区内各地区之间可能存在一定的差异。因此，本书的一些研究结论外推范围如何，有待进一步验证。

（2）本书主要开展乡村振兴背景下广西农民财经素养教育供需研究，没有过多考虑农民财经素养教育的具体内容以及实施成效。在今后的研究中可对以上问题予以更多关注。

（3）随着农民财经素养教育的不断推进，为了进行长期的跟踪研究，将考虑在某乡村设立长期的广西农户财经素养教育研究基地，观察农户认知行为变化与财经素养教育之间的关系。

总之，本书对乡村振兴背景下广西农民财经素养教育供需的研究是一种探索性研究，其中必定存在缺陷和不足，这也是笔者今后继续努力和探索的方向。

参考文献

［1］赵宁．乡村振兴战略下土地流转对农村经济发展的影响研究［J］．农业经济，2022（5）：103-104．

［2］赵子铱，盛钟明．大数据普惠金融支持乡村振兴建设［J］．商业经济，2022（7）：164-165，187．

［3］张存江．论农村职业学校培养新型职业农民的"财商+"教育方略［J］．职教论坛，2019（4）：106-110．

［4］杜志雄，陈文胜，陆福兴等．全面推进乡村振兴：解读中央一号文件（笔谈）［J］．湖南师范大学社会科学学报，2022（3）：10-26．

［5］罗明智，石保纬，白雪等．广西农业生产现状与发展前景［J］．农业展望，2022，18（2）：65-72．

［6］王柱国，张红霞．新时代新型职业农民如何培育？——基于《全国新型职业农民培育发展典型案例》的内容分析［J］．成人教育，2022，42（6）：32-41．

［7］宋越．乡村振兴视域下新型职业农民培育困境及优化路径探索［J］．山西农经，2022（8）：168-170．

［8］张瑞萍．城镇化背景下加快新型职业农民培育探究［J］．黑龙江粮食，2022（4）：115-117．

［9］赵宇，孙学涛．高标准农田建设是否有助于推进新型职业农民培育：来

自村庄的证据［J］.农村经济，2022（4）：135-144.

［10］赵红卫.PISA财经素养评估框架比较［J］.财会月刊，2022（9）：43-48.

［11］夏雪.大学生财经素养测评研究［D］.华中农业大学，2021.

［12］赵红卫.财经素养教育国外经验借鉴［J］.财会月刊，2021（16）：127-133.

［13］韦艳肖，刘根蜀.培养学生财经素养的实践探讨［J］.质量与市场，2021（17）：22-24.

［14］韦春北.广西加快对外开放亟需提升人才的财经素养水平［J］.大学（研究版），2018（9）：62-65.

［15］冯俊锋.乡村振兴与中国乡村治理［M］.成都：西南财经大学出版社，2017.

［16］刘晶晶.PISA2022财经素养分析与测评框架：分析与启示［J］.广东第二师范学院学报，2021，41（4）：80-87.

［17］韩爽，徐爽，许丹，杨颖，董立平.美国高校图书馆财经素养教育及启示［J］.大学图书馆学报，2021，39（4）：81-86.

［18］颜青.职业学校财经素养教育研究［J］.经济师，2020（9）：198-199.

［19］辛自强，穆昊阳.财经素养弱势人群的识别与服务：知址必达［J］.社会建设，2020，7（4）：37-44.

［20］沈振锋，夏雪，王春春.我国近十年财经素养研究的文献计量分析［J］.大学（研究版），2020（6）：50-57.

［21］杨佳妮.乡村振兴战略视阈下农民职业教育问题研究［D］.西安理工大学，2020.

［22］Corsini Lorenzo，Giannelli Gianna Claudia. Economics Education and Financial Literacy Acquisition：Evidence from a Field Experiment［J］.Journal of Behavioral and Experimental Finance，2021（prepublish）.

［23］Hae Kyung Yang. The Relationship among Financial Education，Financial Literacy，and Financial Behavior［J］. The International Review of Financial Consumers（IRFC），2021，6（2）．

［24］Bradley Stephanie L. Financial Literacy Education：An Opportunity for Colleges and Sociology［J］. Sociology Compass，2021，15（10）．

［25］楚晓琳. 国外财经素养教育实践及启示［J］. 大学（研究版），2018（9）：66-70.

［26］黄孔雀，许明. 国外大学生财经素养教育实践及启示［J］. 教育评论，2020（6）：153-161.

［27］刘志阳，杨超. 财经素养教育的国际经验借鉴与中国标准建构［J］. 广西财经学院学报，2019，32（3）：116-126.

［28］黄慧. 财经素养研究综述［J］. 西部皮革，2017，39（24）：30.

［29］王春春. 国内外财经素养教育政策概述［J］. 全球教育展望，2017，46（6）：35-43.

［30］雷雅缨，郑智潇，江婷婷等. 各国财经素养教育的实践及启示［J］. 科教导刊（上旬刊），2014（17）：39-40.

［31］杨雅琴. 如何将财经素养教育融入财经职业教育［J］. 现代职业教育，2022（16）：109-111.

［32］夏雪. 大学生财经素养测评研究［D］. 华中农业大学，2021.

［33］李景倩. 初中生财经素养现状及影响因素研究［D］. 东北师范大学，2021.

［34］范林芳，傅安洲. 德国中小学经济教育评述［J］. 外国中小学教育，2004（5）：18-23.

［35］庄舒涵. 国内理财教育研究述评［J］. 教育参考，2016（3）：30-34，17.

［36］张男星，王春春，张运红等. 中国财经素养教育的目标建构及阐释——基于"学生为本，国家为重"的教育本然［J］. 大学（研究版），2019

（3）：14-25.

[37] 王清星．普惠金融视野下农村金融教育发展探讨 [J]．区域金融研究，2014（4）：70-73.

[38] 刘海睿．乡村振兴战略背景下培养职业农民金融能力对策研究 [J]．成人教育，2020，40（4）：37-41.

[39] 温青超．农民金融素养测评及影响因素分析 [D]．内蒙古农业大学，2020.

[40] 王青．基于教育供给视角优化农民远程开放教育助农能效 [J]．海南广播电视大学学报，2021，22（2）：137-143.

[41] 吴业东，张霞．浙江省农民教育培训有效供给评价研究 [J]．成人教育，2020，40（7）：43-50.

[42] 景琴玲，刘甜，张欣童．乡村振兴视角下农民职业教育供给满意度及影响因素探究 [J]．教育与职业，2019（18）：99-103.

[43] 胡艳华．农民职业教育培训供给侧改革的背景、问题及策略 [J]．职业技术教育，2019，40（1）：62-66.

[44] 张新蕾．农业供给侧结构性改革背景下广西农民思想政治教育存在的问题及对策研究 [J]．科技资讯，2018，16（24）：246，248.

[45] 张胜军，张洁．农民教育培训供给侧改革：为何改？如何改？[J]．职教论坛，2018（7）：29-34.

[46] 龚会连，胡胜强．陕西农民市民化中教育培训服务供给模式探析——政府购买的视角 [J]．陕西行政学院学报，2017，31（4）：36-41.

[47] 寿伟义．乡村振兴战略背景下农村职业教育的有效供给研究 [J]．教育与职业，2022（5）：98-102.

[48] 高春娟，徐宝晨，陈家斋．乡村人才振兴视域下农民教育培训供需调研及提质增效策略——以浙江省为例 [J]．现代农业科技，2021（22）：172-176，180.

[49] 周彩莹．新型职业农民教育有效供给研究 [D]．天津理工大

学，2017.

[50] 李红兵，许亚东. 农民职业教育的供需矛盾及改革路径 [J]. 职教论坛，2014（25）：60-64.

[51] 胡永万，张丹梅，万蕾等. 聚焦需求创新模式培养高素质农民——华东地区农广校农民教育培训工作调研 [J]. 农民科技培训，2021（12）：30-31.

[52] 刘书军. 渑池县2020年农民教育培训现状与培训需求分析 [J]. 河南农业，2021（4）：9.

[53] 张晓燕. 基于新型职业农民培育需求的农业职业教育发展研究 [J]. 江苏农业科学，2020，48（15）：18-21.

[54] 丹超. 三门峡市农民教育培训现状及需求调研报告 [J]. 农家参谋，2020（13）：38.

[55] 张平平. 基于新型职业农民培训需求导向的职业教育改革研究 [J]. 吉林农业，2019（18）：84-85.

[56] 胡永万，陈辉，王泰群. 积极推进面向乡村振兴需求的农民职业教育——河南省农民职业教育实践与探索 [J]. 农村工作通讯，2019（10）：36-37.

[57] 陈瑾. 新型农民职业教育培训需求现状及创新对策研究 [J]. 创新创业理论研究与实践，2019，2（6）：178-179.

[58] 龙坤. 城镇化进程中农民技能培训需求研究 [D]. 中南民族大学，2015.

[59] 周凌云，王文科. 江苏农村成人教育培训供需分析 [J]. 淮阴工学院学报，2014，23（2）：63-66.

[60] 程宏志，江玲. 农民教育培训的供需分析及改善对策——基于安徽省的调查 [J]. 铜陵学院学报，2013，12（4）：80-84.

[61] 杨素铧. 福建省农民教育供给及其模式研究 [D]. 福建农林大学，2012.

[62] 赵邦宏，宗义湘，张润清等. 新时期农民教育培训的供需均衡分

析——基于河北省农户问卷调查［C］．农村公共品投入的技术经济问题——中国农业技术经济研究会 2008 年学术研讨会论文集，2008.

［63］孙家根．乡村振兴战略背景下农民思想政治教育研究［D］．西北民族大学，2022.

［64］安宏宇．乡村振兴战略下北京市农民科普教育新路径探索［J］．智慧农业导刊，2022，2（10）：88-91，95.

［65］张培卫．乡村振兴战略下农民思想道德教育效能提升研究［J］．当代贵州，2022（20）：60-61.

［66］张强明，苏露露．乡村振兴视域下提升农民思想政治教育研究［J］．鄂州大学学报，2022，29（3）：21-24.

［67］李立军．乡村振兴战略背景下农民教育培训的实践和探索［J］．河北农业，2022（4）：41-42.

［68］刘庆华．对乡村振兴背景下高素质农民教育培训的思考［J］．农家参谋，2022（3）：1-3.

［69］陈彩红．乡村振兴战略下加强农民思想政治教育路径研究［J］．农业经济，2022（2）：91-92.

［70］聂玉霞，汪圣．乡村振兴视域下农村社区教育的实践理路、现实困境及优化策略［J］．教育与职业，2022（10）：12-18.

［71］陈艳红．乡村振兴战略下新型农民职业培训研究［J］．教育与职业，2022（10）：84-90.

［72］刘春萍，沈大伟．乡村振兴战略下县乡图书馆服务新型农民培养探索［J］．成人教育，2022，42（5）：43-46.

［73］张敏敏．乡村振兴背景下农村职业教育发展路径研究［J］．农业经济，2022（4）：119-121.

［74］闵岚．乡村振兴背景下农民思想政治教育研究［D］．西华大学，2021.

［75］许金灵．乡村振兴战略背景下民族地区农民教育培训研究［D］．云

南师范大学，2021.

［76］张广会．乡村振兴背景下新型职业农民培育研究［D］．河北师范大学，2020.

［77］张新蕾．农业供给侧结构性改革背景下广西农民思想政治教育存在的问题及对策研究［J］．科技资讯，2018，16（24）：246，248.

［78］张季，李可世，孙萌．广西老区精神对西南民族地区农民社会主义核心价值观教育的价值及应用——以百色起义精神为例［J］．世纪桥，2017（4）：69-70.

［79］唐锋，刘延明，黄晓东．高职教育参与留守农民职业教育培训的探析——以广西为例［J］．高教论坛，2016（3）：121-123.

［80］王巨光．广西北部湾经济区农民教育发展探析［J］．广西教育学院学报，2015（6）：23-28.

［81］罗思．广西侗族农民画在当地基础美术教育中的应用研究［D］．广西师范大学，2015.

［82］张义，韦少雄．对西部地区农民环境教育必要性与对策的探讨——以广西河池市为例［J］．文教资料，2014（8）：117-119.

［83］宋志生．广西农村农民远程教育培训的类型比较研究［J］．广西广播电视大学学报，2010，21（4）：10-14，19.

［84］翟立艺，陈茜茜，张琦，纠舒羽．乡村振兴背景下广西农村职业教育现状分析与对策研究［J］．农村经济与科技，2021，32（21）：322-324.

［85］黎梦荻，梁保贤，莫霜．广西高素质农民培育法律服务基地建设研究［J］．法制博览，2021（14）：171-172.

［86］梁珍明．广西壮族聚居地农村成人职业发展教育的制约因素［J］．农村经济与科技，2019，30（1）：267-269.

［87］李柳红，李有权，刘丽君，叶俐伶．精准扶贫背景下重视贫困村农民思想政治教育工作——基于广西兴业县大平山镇江下村的调查研究［J］．农家参谋，2018（19）：44-45，41.

［88］卢桂玲．新形势下广西梧州市农民科技教育存在的问题及对策［J］．江西农业，2018（4）：135-136.

［89］胡巧滨．新农村建设进程中农民思想道德教育研究［D］．广西民族大学，2013.

［90］覃雪梅．广西新农村建设背景下的农民思想政治教育研究［D］．陕西师范大学，2012.

［91］黄约，辛燕．以生态教育促民族地区农业经济的可持续发展——以广西为例［J］．生产力研究，2012（4）：151-153.

［92］李雁．广西农业职业教育发展中的问题及对策研究［D］．广西师范大学，2008.

［93］崔亚伟，梁启斌，赵由才．可持续发展 低碳之路［M］．北京：冶金工业出版社，2012：2.

［94］陈健．我国人力资本差异对城乡经济差距的影响研究［D］．吉林大学，2021.

［95］孟祥皎．乡村振兴背景下成人教育供需研究［D］．云南师范大学，2020.

［96］余霜．喀斯特地区农户参与石漠化治理行为研究［M］．北京：中国农业出版社，2015：36-37.

［97］马冰琼，刘红宇．泰国财经素养教育发展现状研究［J］．大学（研究版），2018（9）：71-75.

［98］邢雅楠．非财经类院校对研究生理财观念及能力的影响——基于天津市的调查［J］．中国集体经济，2016（34）：99-100.

［99］孙铃，辛自强．中国公民财经知识测验编制［J］．心理技术与应用，2020，8（12）：718-725.

［100］张开金．大学生财经素养教育的需求与回应［D］．华中农业大学，2020.

［101］冀佳佳．增能理论视角下城镇老年女性理财能力提升研究［D］．江

西财经大学，2021.

［102］推动全面推进乡村振兴取得新进展——中央农办主任、农业农村部部长唐仁健解读 2022 年中央一号文件［J］．云南农业，2022（6）：10-11.

［103］戚欣．辽宁农村普惠金融支持乡村振兴发展的模式研究［D］．大连海洋大学，2022.

［104］向恒．改革开放以来我国"三农"政策的演变及启示研究［D］．重庆师范大学，2020.

［105］陈芳芳．推进农业绿色发展新路径探索［J］．农业经济，2022（5）：17-19.

［106］曹晓玲．着力建设高素质职业农民队伍［J］．农业经济，2022（5）：85-87.

［107］赵文娇，贾文毓．广西壮族自治区乡级地名与地理环境要素［J］．山西师范大学学报（自然科学版），2014，28（S1）：83-85.

［108］卢春霞．广西农村信用社支农再贷款分析［J］．时代经贸，2019（20）：20-22.

［109］谭英，王德海，谢咏才等．贫困地区不同类型农户科技信息需求分析［J］．中国农业大学学报（社会科学版），2003（3）：34-40.

［110］段京肃．社会的阶层分化与媒介的控制权和使用权［J］．厦门大学学报（哲学社会科学版），2004（1）：44-51.

［111］Shryock H. S., Siegel J. S., Larmon E. A. The Methods and Materials of Demography［M］. Department of Commerce, Bureau of the Census, 1980.

［112］余霜，李光，冉瑞平．喀斯特地区农户参与石漠化治理的意愿分析［J］．广东农业科学，2015，42（4）：181-186.